大展好書　好書大展
品嘗好書　冠群可期

大展好書　好書大展

品嘗好書·　冠群可期

武術特輯
137

陳式太極拳精蘊

張茂珍　著

大展出版社有限公司

作者近照

先父張來運1910—1988年

先師陳照奎

作者與恩師馮志強

作者與兒子張冀鵬（張冀鵬參加1992年全國
太極拳推手比賽獲重量級冠軍和技術風格獎）

前　言

作爲陳式太極拳一名虔誠的佈道者，對太極理、法、技、藝之意象，趨向極致地探索是我畢生的追求。

太極拳乃中華文化之瑰寶，其理源於諸經之首《易經》，古樸高雅，理精法密。我有幸得恩師先輩之眞傳，得以傳授衣鉢。幾十年來修煉拳理心法，頗有所得。尤其近年來時得環中之趣，奧妙無窮，始知是終身不盡之藝。誠如陳鑫前輩所言：「理經三昧方才亮。」「得其環中者當自知之。」又說「太極實有眞相，非托諸空言也。」信不虛也。

回想幾十年來苦心修煉，上下求索，所經歷的重重磨難，種種艱辛，實難以與外人道也。手撫白髮，感慨頗多。

古人有詩曰：「鴛鴦繡出從人看，莫把金針度與人。」古時人經歷千辛萬苦，學得一門技藝，尚自珍密，不肯輕易示人，何況武術太極拳之瑰寶。光陰飛逝，理念重樹，學術乃天下之共器也。

念當年，學藝時，蒙師恩、先輩之恩澤，再經積年行拳、精勤授徒，亦得益於教學相長，方有今日所悟，更不忍獨隱其享。今又白髮頻添，尚自謹遵恩師

口囑，實知此拳「其功也多，故其成也難」。學無止境，願與同道共勉。

　　拙著《陳式太極拳精義》一書出版發行以來，得到廣大同好和讀者的厚愛，引起了廣泛的共鳴。承蒙廣大讀者的要求和人民體育出版社的大力支持，已經多次再版。繼而，2008年又有臺灣大展出版社有限公司以繁體字再度出版發行，影響波及海內外。這期間常常收到讀者來函來電，探討拳中以及書中的疑難問題。又有同道來訪、切磋，希望就書中關鍵部分作進一步深入詳細的論述，以期在實際練習中達到更高的境界。有感於此，我在原《陳式太極拳精義》的基礎上，又編寫了這本《陳式太極拳精蘊》。重點探討陳式太極拳心法和技法中的核心理論，並提煉出「意象運動和肢體語言的完美融合」。

　　這是陳式太極拳在盤架和推手較技中陰陽入扶互為其根的新理念，並將這一基本理念貫穿到「纏絲勁」「腰腿勁」「鬆活彈抖勁」和「陰陽剛柔論」等內容中，進行更深層次的詮釋，儘量用淺顯易懂的文字詳細解密兩者的辯證關係。尤其在「陳式太極拳圓圈運動論」一節中，以太極中分一氣旋之理，總結出「三心要虛、三心歸田、三處要實、四饋放鬆」和「形圓在折疊、勁圓重內換、骨圓意斗榫、氣圓貴旋轉」的論點，使廣大練習陳式太極拳的同好在練習中有所裨益，則是我寫本書的心願。

　　同時還應廣大愛好者的要求，特將當年陳師照奎先生傳授的「陳式太極拳功夫架第二路拳」一併整理成冊，以饗同道。

　　本書編寫過程中，得到沙喜鳳、張冀鵬、王紅、張倩男、張雲鶴、張帆、張賢月、殷豪、李雨艇、柳志偉、于曉風、王亞敏、陳益斌、曹光、王紫偉、王德廉等人的鼎力協助，在此一併致謝。

張茂珍　於上海

目　錄

第一部分

理　論　篇

第一節　陳式太極拳圓圈運動論

　　陳式太極拳的發祥地河南溫縣陳家溝流傳著兩句樸素而貼切的拳諺：「如想練好拳，首先圈練圓。」和「要想拳練好，必須圈練小。」雖然是兩句極為普通的諺語，卻道出了練習陳式太極拳的基礎與前提，又明確了各層功夫階段過渡昇華的原則。

　　由此可見，陳式太極拳運動既要有全身畫圈的表現，又要有以圈的大小程度來決定功夫層次的標準。指明了要在畫圈走圓的基礎上，圈圓後，先練大圈，後練中圈，再練小圈，及有圈意而無圈形的「有圈不見圈」，形成了陳式太極拳獨特的訓練步驟。

　　陳式太極拳在整個圓圈運動過程中，自始至終都貫穿著「消息盈虛」和「陰陽轉換」的太極中分一氣旋之理。在此哲理的指導下，太極拳每個拳勢的表現，都具有「開與合、圓與方、虛與實、捲與放、輕與沉、現與藏、慢與快、柔與剛」的特點。

　　在動作中，前後左右、上下裡外、大小進退和順逆等螺旋纏絲的運動方式，構成了陳式太極拳的基本概念。

　　陳式太極拳的畫圈走圓，是前人總結《易經》中「太極中分一氣旋」之理，運用河圖、洛書中奇數與偶數生成變化之規律，以八卦中乾、坤、震、巽、離、坎、兌、艮八個方位轉換為依據，縱橫斜正、互相交錯，以中央五數為中心，構成九疇，內含勾三、股四、弦五的三角形運動

方式借擬人身（參見拙著《陳式太極拳精義》中「外三合」一文），令人身之勁路按照依次連三方和隔次連三方的運行路線，創立了勁別穿宮換位螺旋纏繞的運動法則，形成了一開俱開，一合俱合，開中寓合，合中寓開；表現出輕重轉換、陰陽消長、虛實兼備的運動規律。

太極拳名家陳鑫云：「至於手足運動，不外一圈，絕無直來直去，所畫之圈有正斜，無非一圈一太極。」綜合來看，在整個圓圈運動過程中，表現的圈形各異，但不外乎：整圈、半圈、順圈、逆圈、直圈、斜圈、正圈、豎圈、橫圈、立圈、上圈、下圈、裡圈、外圈、進圈、退圈、左圈、右圈、開圈、合圈等。

在陳式太極拳套路的動作中，正、斜、錯（卦）、綜（卦）地交織著，構成螺旋纏繞運動。無論動作的前進後退、起承轉落、開合和左右的旋轉，都要有走弧線畫圓圈的纏絲意識和效果體現。

陳式太極拳的圓圈運動，不許有直線的畫弧動作，更不允許有抽、提、平、移之類沒有圈的動作出現，而是要以螺旋纏絲為主體的立圈運動，並且要求在走圓畫圈中，以「陽之凝聚則為陰、陰之流動則為陽」為原則，遵循聚陰而生陽、聚氣而化勁的練功程式，以中氣潛轉來帶動形體做纏繞螺旋之運動。

其圓圈運動表現在以頸、脊、腰、肩、胯、肘、膝、踝、腕為軸的旋轉大圈，及以股肱為軸做正反旋轉的小圈。接骨斗榫，令其骨轉，來脈轉關要真，藉以帶動內氣的團聚力和運轉能力，使圈形的畫圓運動和諧而連貫。練到純熟後，就能達到得心應手，身心相應，一見有動，內

外、上下、前後、左右無有不動，一轉圈周身皆是圈。太極拳之圈，不外乎體外一圈、體內一圈，練習者必須細心揣摩，方得圓圈之趣。

在陳式太極拳的圓圈中，隱藏著一個由無極生太極，由太極而陰陽分，由太極還原無極的「消息盈虛」轉換過程。其中，經過了從無到有，從小到大，以陰轉陽；然後從大到小，從有到無，由陽還陰的過程。這就是從太極開始萌生，到開花結果，為下一步萌生儲備、循環的週期現象。

因此，在太極拳的圈內，不僅要注意陽升陰降，還要注意陰中有陽，陽中有陰；陰中有陰陽、陽中亦有陰陽；陰陽互為其根，陰陽入扶的變化過程。由此可以推之，人體內部氣機充盈的運轉程度和肢體上的彈性大小，確定太極拳練習者的層次與階段。

尤其在太級拳圓圈之中，有一個自然法則值得注意，即是「人在氣中生，氣在人中行」。遵循這一法則，才明白清氣上行，濁氣下降的道理，方能領悟到這是促進元氣增強壯大的主要手段。

因此，在太極拳動分、靜合的陰陽轉換中，要努力做到以心行氣，鬆靜沉著，氣機活潑，摸清順逆，即可做到「氣本於身」和「收斂入骨」的效果。

陳式太極拳的圓圈運動，在內是意氣為主導的氣機運行，在外則是神氣鼓蕩的形體運動。其中，說是行氣，主卻在意，所謂意在動先，意到、氣沖、神匯，方算得竅。在拳勢運動中，尤其應當注意「在氣則滯，在意則活」。意在氣先，氣助勁運。意到、氣到、勁到方為妙訣。正如

陳鑫所云：「一往一來運一周，上下氣機不停留；自古太極皆如此，何需身外妄營求。」這一番話，道出了太極拳內外走圈的奧秘所在。

為此，在拳勢運動中，要求體內以中氣潛轉的軸線為公轉，帶動肢體各部位，各守其中做自轉的旋轉運動。在中氣的帶動下，肢體外形上自轉之圈表現有：頸圈、脊圈、腰圈、胸圈、背圈、腹圈、肩圈、肱圈、臂圈、胯圈、股圈、腿圈、肘圈、膝圈、腕圈、踝圈、手圈、足圈等。周身上下無處不走圈，形成了圈中有圈，圈外有圈，圈內有圈，圈圈相套，圈圈相連相生，圈圈陰陽連環。周身處處皆太極即此意也！

在太極拳畫弧走圈的運動中，要以腰為總樞紐，自始至終都要貫穿中氣潛轉、虛領頂勁、鬆肩垂肘、含胸塌腰、束肋合腹、鬆胯圓襠、氣沉丹田。初練太極拳，必須緩慢，能柔則柔，不可追求快速，其原因就在於要遵循「來脈轉關要真，運動須無微不到」的鍛鍊原則。

如果開頭練習過快，則必然處處滑過，作不到恰到好處，這是初練太極拳容易犯的錯誤。隨著功夫增進，動作自然由生到熟，由熟生巧，由巧生妙，由妙生神；再由慢而快，而後由快轉慢，快慢相間，剛柔相濟。如此，能慢到十分，又能快到十分。透過這樣的反覆練習，才能作到輕靈敏捷，輕靈之中又含有鬆沉之感。

在練習陳式太極拳的圓圈運動時，還必須注意：三心要虛，三心歸田，三處要實，四饋放鬆，四肢貫串，力達四梢。

所謂三心，是指頭頂心（百會穴）、手掌心（勞宮

穴）、腳底心（湧泉穴）。三心要虛是指這三個地方要保持虛空。

三心歸田，是指頭頂心、手心、腳心所納之氣共同納於丹田之中。

三處要實，是指腰處、丹田處、腳底處要實。

四餾放鬆，是指兩肩與兩胯部位確保放鬆狀態。

四肢貫串，是指雙手臂和雙腿足以出入勁為序，節節貫串。

力達四梢，是指四肢以出入勁為度，使氣勁鬆串雙手指與雙腳趾，手腳方能更好地起到領勁的作用。

作好以上注意點，是為了達到「根節催、梢節領、中節隨」的效果，所謂明其陽而注其陰、知其前而注其後，明其領而注其催、知其開而注其合，即此意也。

初練太極拳圓圈者，要求肢體上畫圈的幅度必須大一些。首先，四肢要大開大合，不能有絲毫萎縮的意思；其次，身法要求中正（身體中間要求正直）不偏，在大開大合的前提下旋轉纏繞，但不可一味追求中正（包括斜中正）而不敢轉動。

在初學轉動時，身體會出現一種不應有的搖擺晃動現象，這是關節沒有拉開和畫圈不圓導致的，但這是練習畫圈運動的必經過程，不要拘泥於此而不敢轉動。在重心移動時，要注意大虛大實，比例以二八開為宜，方能增加筋骨的對拉拔長和禧勁的調整能力，這就是「先求開展」的原則。隨著功夫增進，重心比例根據圈度可慢慢縮小。

在練習過程中，特別要注意的是：形圓在折疊，勁圓重內換，骨圓意斗榫，氣圓貴旋轉。初學效果難顯，功積

日久，圈則自會轉圓。圈轉圓後，就要注意收斂，尤其是四肢之圈，愈練愈小，直至有圈不見圈（有圈意、無圈形的狀態），逐步發展至隨著心意一動，由內達外，以意行氣，以氣運身，周身相隨，內外一體，氣勁合一，融會貫通，周身無處不混元。繼前述的「先求開展」之後，達到「後求緊湊」的效果，這是練習太極拳的走圓畫圈不同階段訓練原則及真義所在。

第二節　陳式太極拳腹式呼吸運動論

　　陳式太極拳的腹式呼吸運動，指的是在太極拳運動時所採用的腹內氣機聚合與鼓蕩，構成了以腹式呼吸為主體的腹內氣機騰然的運動方式。從而促進腹部鬆靜與內氣的團聚能力，以求儘快進入「出腎入腎」的最佳狀態。

　　腹式呼吸方法一般有兩種表現形式：一種是人體吸氣時，小腹向外鼓起，呼氣時腹部向內收斂，這種呼吸方式稱為順呼吸；另一種是人體吸氣時，小腹隨著內氣納入，向內收斂，呼氣時隨著氣機沉降於小腹，小腹同步聚合而微有沉意，一般稱之為逆呼吸。前者多用於初級架，後者多用於提高架與功夫架。

　　陳式太極拳的腹式呼吸運動，是修煉身體內部氣息和增強元氣的主要手段。它來源於古代時期的導引術和吐納術，二者在我國源遠流長，積澱深厚，早在我國西元前的《老子》《孟子》《莊子》等著作中就有所論述。西漢初年淮南子劉安創編了一套「六禽戲」，東漢末年又經著名

醫學家華佗改編為「五禽戲」，這些都是內功和氣功的鼻祖，是道家養生學的基礎與前提。

　　所謂導引，又稱為道引，就是由運動肢體，從而達到形神協調的健身方法，屬於古代氣功中運動的範疇。「導氣令和，引體令柔」，這既是導引術中的要點所在，又是陳式太極拳運動過程中「以形導氣」的必經之路。

　　所謂吐納，吐為出，納為入。吐納指人體之內的氣與勁出入，原是人體的先天本能，也是古人說的「人在氣中生，氣在人中行」的自然現象。《莊子》刻意篇有云：「吹呴呼吸，吐故納新，熊經鳥伸，為壽而已矣。此導引之事，養形之人，彭祖壽考者之所好也。」由此可見，煉氣與導引、吐納之術密切相關，以呼吸而煉之求得腹內渾濁之氣隨呼而吐出，清新的太和元之氣隨吸而納人體內，從而達到吐故納新和壯大內氣的效果。

　　由此不難看出，陳式太極拳的呼吸方法與氣功的呼吸方法是同出一源的，不過太極拳要求的是「動中求靜，靜猶動」，姿勢繁複，同時還要求動作規範而準確，進行以形導氣的周身運動。為此，要求初學者首先要把外形姿勢大體記熟後練習準確，使動作連貫起來，呼吸可以先求自然，只須「意想腹部」地聚合就可以了，待拳架純熟以後，再配合練習呼吸。

　　一般的氣功，則是在靜中求動的基礎上，姿勢單純，方法也比較容易掌握，所以從練習的一開始就可以講究「調息」「意守」和「息調」等。此外，氣功的呼吸頻率等和太極拳的呼吸方法在緩、勻、細、柔、均的程度上，要求是一致的。但是，氣功的呼吸（一呼一吸）一次可以

長達一分多鐘，而陳式太極拳的呼吸，則要求隨著動作的開合、催領和傳遞旋轉，及其姿勢的起、承、轉、落或折疊蛹動同時與呼吸有機地結合起來，利用調整呼吸的節奏和頻率，促使體內的氣息增加與充盈。

換句話來講，太極拳動作中呼吸如果過於緩慢，則會導致氣機呆滯、身體僵硬，關節轉動不靈，來脈轉關不真，很難使動作做到鬆柔圓活。所以拳論有云：「在氣則滯，在意則活。」

陳式太極拳的腹部呼吸運動，更有助於打通脈絡調節神經，使內臟在運動中起到氣機摩蕩和肢體的自身按摩作用，這樣氣血能夠達到暢通無阻，促進新陳代謝的完成，同時調整全身竅位和毛髮孔的同步呼吸，進一步使動作與呼吸自然協調配合，從而增強身體內部氣息的凝聚力和運轉能力，漸悟「表裡一致，形神兼備」的情與境。

陳式太極拳的呼吸方法，主要以腹式呼吸運動為主，其中腹式呼吸分為順呼吸和逆呼吸兩種方法，二者都是「以意調息」的呼吸模式，同時都在借助體內橫膈膜的升降過程與背、胸及腹部肌肉的弧形鬆沉和蛹動旋轉相配合，引導氣息向臍內和命門之間（即丹田）的神經網路凝聚，產生衝震現象，使「命門火常炊、腎上腺素常旺」。從而促進腹內氣機的騰然之勢，加強血液循環的能動性，改善體內物質分泌方式，有利於助長內氣的潛轉能力和增強身體素質，對防治慢性病也有很大的幫助。

陳式太極拳的呼吸方法要求十分嚴謹，它是根據功夫的精進程度與不同層次階段，採用不同的訓練方法。

1. 自然呼吸階段。

2.動作與呼吸相配合階段：手足上抬時為吸，下落時為呼；動作合時為吸，開時為呼。

3.注吸不注呼：呼氣自然。

4.注呼不注吸：吸在其中。

5.呼吸自然等五層功夫循序漸進。

此外，陳式太極拳關於論述呼吸方法的主張，還有「虛領頂勁」「準頭納氣」「腧口納氣」「皮毛要攻」「氣沉丹田」「氣宜鼓蕩」「出腎入腎」和「氣遍周身」等說法。

虛領頂勁：

要求頭部的前頂與後頂之勁一起微微向上領起，在百會上方碰在一起合住勁，領起周身精神，使脖後兩條大筋豎直（兩條大筋中間的無筋處是中氣的主要通道），同時鬆緊得當，不可硬向上頂，謹防頭頸僵滯。

準頭納氣：

準頭位於鼻尖正中微下方，注意此處納氣則會忘掉鼻孔吸氣，有助於上丹田的氣機納收與潛轉，並能促進心氣下沉和橫膈膜的下降效果，有利於中氣的團聚與潛轉。

腧口納氣：

在鬆肩垂肘、含胸塌腰和束肋合腹及負陰抱陽的基礎上，利用命門吸肚臍呼的方法，引導脊背諸腧（穴）口隨著身體動作的開合，同時張弛、吞吐有序，以助背部陽經之氣上運，促使牽動往來氣貼背的完成。

皮毛要攻：

所謂攻，就是豎的意思，是指在全身肌膚放鬆纏繞運動過程中，使衛氣增強，周身毛髮迸然豎起，並引導毛孔

隨著周身肌肉的鬆動纏繞及動作的開合和呼吸的過程，有弛張吞吐之感覺，形成了陳式太極拳毛孔呼吸的能量。

氣沉丹田：

是指身樁端正，中氣貫串，腹實胸寬，用意識引導呼吸，息息歸根，似乎有內氣徐徐送往腹部與命門之間（前七後三）的感覺，決不可使力硬壓小腹，但又要做到束肋合腹，確保以意行氣（身動、心靜、意專、氣斂、神舒）十分自然。

氣宜鼓蕩：

是指腹式呼吸運動中，利用橫膈肌的升降活動，引導肺部和腹肌有規律地收縮及舒張，以便調整腹壓的聚合達於自然化的需要，逐漸形成腹內「氣機鼓蕩、騰然有序」的狀態。只有這樣，才能促使腹內之氣充盈後，向命門形成沖震作用，任督二脈之氣方能做到升降協調自然。與此同時，注重周身的旋轉、蛹動及動作的開合與呼吸有機地結合起來，這些都是用於加強丹田的運聚能力，從而達到循序漸進，決不可急於求成，以防產生弊病。

出腎入腎：

這本是描述丹田氣機充盈後的運聚表現，在腰勁旋轉的基礎上，利用腎氣滾動為主要動力，以雙腰隙為出入勁的門戶，同步互相催領傳遞，引導兩肋部像魚鰓一樣開合、吞吐、轉動。

氣遍周身：

是指在掌握氣沉丹田和出腎入腎的基礎上，隨著肢體動向的錯綜（兩卦）交換，促使呼吸與身體內部氣機潛轉協調一致，元氣充盈，腎氣增強，中氣的旋轉幅度加大，

漸悟「氣遍周身不稍滯」的感覺。

陳式太極拳所採用的腹式呼吸方法，要求氣機向下沉降，同時與動作自然配合，使呼吸逐步做到「深、長、細、均、緩、柔」，從而達到吸氣時「氣結中宮」，呼氣時「氣聚中宮」，保持「腹實胸寬」的狀態，即可把胸部由於運動而引起的散亂之氣和緊張狀態運轉到腹部，待氣機聚合後衝震命門，使胸部寬舒，腹部鬆靜而又充實。這對保持肺組織彈性、發展呼吸肌的機能、改善胸廓活動度、增加肺活量、提高肺臟的通氣和換氣及血液的吸氧（氣）功能都能起到良好的作用。

因此，常年練習太極拳的人，呼吸頻率會相應減慢，呼吸差和肺活量都比一般人大，由於練拳時做到了息息歸根、意在丹田，因此，運動時汗流而氣不喘，是一種難得的增氧（氣）運動。

第三節　陳式太極拳腰腿勁論

陳式太極拳的「腰腿勁」是中氣潛轉，引導腰部旋轉體現出來的向心力和離心力，又是陳式太極拳勁力上通下達、主宰全身運動的關鍵所在。腰腿勁應用得當，既有利於保持全身的平衡和推手較技中的運化能力，又有助於體內之勁的充盈、運轉、團聚，及內勁發放能力的提高。

太極拳推手較技中的運化，首先靠的是腰腿勁，其次才在肩、在胸、在手臂。所以前人說：「緊要全在胸中腰間運化，有不得機不得勢處，身便散亂，必至偏倚，其病

必於腰腿求之，上下前後左右皆然。」

陳式太極拳要求在立身中正（身體中氣要正）、虛領頂勁、鬆肩垂肘、含胸塌腰、心氣與橫膈膜同步沉降、束肋合腹、鬆胯圓襠、氣沉丹田和腰勁下串的前提下，使二十四節脊骨虛虛對準攏直，以腰勁為主要動力，帶領周身在一動全動中內纏外繞；腰部同時要鬆沉直堅，與肩、胯旋轉必須一致，不可搖擺失中，更不可以轉動臀部與髖部代替腰轉。

陳式太極拳所指的腰部，是命門穴和兩腰眼（隙）及身體中線兩側軟肋以下至髖骨以上的部位，決不允許將腹部也當成腰部，此處尤要引起初學者注意。腰部是人體上下兩部分轉動的中樞，所以在束肋塌腰的前提下，還要求鬆沉、直豎、健強、靈活地旋轉。

拳論云：「命意源頭在腰隙（眼）。」腰部的左旋右轉，引動兩腰隙虛實轉換變化，互相催領傳遞，引導腎氣滾動，構成陳式太極拳的腰勁變化和調整。為此，前人云：「刻刻留心在腰間。」

所謂腰間，即是腎，位於脊柱兩旁各一個，是督脈主要的通道。腎在八卦中為坎宮，位北方，五行中屬水，是陰中之太陰。腎的主要功能是藏精，主納氣，特別是先天之精氣，貯藏於腎中。為臟腑之本，生命之源。故有「腎為先天之本」的說法。換句話來說，肺為氣之主，腎為氣之根，肺主出氣，腎主納氣，陰陽相交，呼吸乃和。腰部螺旋轉動提腎水而上升，生津液於口，出自舌下，咽而不吐，順吸氣而咽下，則能滋養腎中之精氣，故有腎間命門供氣之說。其氣在於藏而不泄，須輕提穀道，貴在內守。

此處又有先天之太極之稱。五行由此而生，生化不已。陳式太極拳講究，肺所吸入的清氣歸於腎中，與腎中氣息融合一體，使氣機充分發揮其生理效應，催動腰部做纏絲動作，使其氣機滾動傳遞，既是陳式太極拳以氣化勁的途徑，也是陳式太極拳腰勁真義所在。

俗話說：「練拳不練腰，終身藝不高。」總結腰勁的旋轉（參見拙著《陳式太極拳精義》身體各部位要求中「腰部」），大致有三種基本表現形式，即套腰勁、花腰勁和螺旋腰勁。

套腰勁：

隨著腎氣滾動傳遞，一側腰眼下沉，擎起另一側腰眼，二者同步互相傳遞轉換，腰部以橫向聯繫的立圓旋轉為主體，驅使身體兩側腰部做一側領勁，一側催動地開合、吞吐、折疊運動。其中，開的一側為領，合的一側為催，構成腰部兩側和雙腰隙在一領一催的反覆旋轉開合中，互相傳遞、互相聯繫的套腰形轉動狀態，稱之為「套腰勁」。

花腰勁：

隨著腎氣滾動傳遞，兩腰隙之勁出入有序地各領半身轉動，促使腰部以縱向聯繫的立圓旋轉為主體，驅使身體左右兩側腰部互相交錯地做縱向立圓旋轉動作，猶如兩個車輪在人體腰部兩側以前後立圓交替轉動，形成陰陽互換、入扶、開合有序、插花形的運動狀態，稱之為「花腰勁」。

螺旋腰勁：

隨著腎氣滾動傳遞，兩腰隙之勁出入有度地互相傳

遞，腰部以螺旋動向為主體，隨著體內中氣的升降，腰以上之氣順脊而上，腰以下之氣順腿而下，其氣（勁）似有上下兩奪之勢，但實際上是前降後升（體前是任脈為降，體後是督脈為升），一氣貫通。換句話來說，清氣上升為陽，濁氣下降為陰，陽升陰降一氣貫串，在中氣潛轉的主導下，驅使腰部做螺旋形的纏絲動作，猶如現代力學中「絲槓旋轉牽動原理」的螺旋線，稱之為「螺旋腰勁」。

　　陳式太極拳透過各種腰勁旋轉的反覆訓練，可使腰部骨節鬆開拉長，肌肉、筋腱、網膜等軟組織的韌性增強，彈性加大。

　　練功盤架中採用「含胸塌腰、束肋合腹」的動作配合，能使腰部長期處於良好的放鬆聚合狀態，又能引導頸、脊、肩、胯、肘、膝、腕、踝各關節及股肱二骨旋轉等，構成全身旋轉的運動鏈，也是周身相隨的前提與基礎，對內勁的「出腎入腎」和內氣的團聚與增長大有益處。太極名家陳鑫所論的「出腎入腎是真訣」，正是指此。

　　人體腰腿連接之處謂之「襠」，襠是調整腰腿動作運轉的關鍵所在。襠勁的轉關過節在於胯的活順程度，胯關節鬆不開，襠部就很難靈活，腰腿也就談不上相隨。陳鑫有言：「襠貴圓、貴虛，不可夾住……襠要圓，圓則穩。」「兩大腿根要開，開不在大小，即一絲之微亦算得開。」

　　陳式太極拳「襠勁」，是指兩胯根在放鬆旋轉運動過程中生出一種類似彈簧的勁別來，隨著恥骨內收的動作配合，兩胯根的運行要求平順鬆活，驅使腰勁順其腹股溝向下鬆串，植地生根。兩胯同時鬆開圓撐，髖關節和兩個大

轉子在爭衡（對拉）中後開、前捲、裡合，在胯臀鬆、泛、轉、換有度的前提下，使胯根內側的韌帶在前捲中自然內藏。恥骨聯合腔承擔著人體的減震功能，恥骨微微內收，引導恥骨聯合腔在對拉拔長中縫隙增大，減震的效果就會自然提高。

臀部肌肉要隨著骶骨和坐骨結節在對拉中前捲上泛，催動闊筋膜張肌放鬆而前合，骶骨同時要微微上泛，尾閭骨才能在鬆沉有力中有下垂之感，構成虛坐，方能達到尾閭中正的要求。同時穀道輕提，會陰穴隨之而自虛。

陳式太極拳襠勁的撐開撐圓，關係到底盤穩固程度。襠不開的時候，像個「大」字形；襠開的時候，像個「∩」字形，與現代力學中的「橋拱原理」有異曲同工之妙。兩胯同步下沉，坐骨結節如同虛坐，沉穩有力，腰勁鬆合順腹股溝隨雙腿下串，注入腳底植地生根，稱為鬆襠，也稱為鬆腰下氣；以圓襠和鬆襠為前提，運用襠勁的轉換來調整動作和重心，稱之為調襠；襠勁的往返運行線路是「∞」形狀，術語稱之為「背絲扣」和「弧形調襠」。此外，襠勁運行要求是「前襠勁不可有，後襠勁不可無」。襠勁分前後，也就是說襠勁的虛實換勢和轉動調整，應當始終在前襠合、後襠開、襠勁撐圓的狀態下旋轉運行，要求雙胯根前側氣衝穴始終保持窩狀，運動時不可有前凸、後撅、左歪、右斜和忽高忽低的起伏現象，更不可出現尖襠、夾襠、涮襠、扭襠、頂襠、蕩襠等弊病。確保在襠部撐圓的基礎上，襠運上弧者，為上弧調襠；襠運下弧者，為下弧調襠；襠運後弧者，為後弧調襠；襠運∞形者，為背絲扣調襠。

　　腰似蛇形腿似鑽，周身運動走螺旋，腿部是支撐全身重量的根基所在。陳式太極拳一般用旋踝轉腿的運動方式來表達其勁，要求：千變萬化憑我運，兩腿兩足定其根，根穩腰靈身不搖；前後左右用勁均勻，自然就樁根穩固。

　　腿是根之本，足為根之根。股骨翻轉旋動，足踝同步螺旋，脛腓二骨擰摽翻轉，在開膝合髖的前提下，腿膝外撐內掤同時纏繞，使腿部的著力點從外側和上側轉移至腿部的內側與下側，是陳式太極拳訓練腿部勁力的重要環節。

　　此外，足大趾、二趾同時領勁，引導隱白、厲兌二穴吐納有度，促使雙腳同步向內側旋轉，腳五趾微微內旋抓地，湧泉穴要虛，吸地氣而上升，使氣勁從腳跟內側經踝、膝、胯旋轉而上，纏繞至會陰穴，使兩腿之勁接頭、黏住，這是太極拳練習腿勁的基本功夫。足尖如須擺扣，則要以足跟為軸，足尖外擺時要注意前襠的合勁與髖骨的合意不能丟，否則容易導致樁根勁力渙散和偏倚。

　　腿部擔負著全身活動的重量，膝關節的負擔較大，因此膝關節必須有力而靈活，表現在於膝關節內側的外撐和髖骨的內合，這就是拳論中要求的：「開中寓合、合中寓開。」

　　腰腿靈活全在胯根的關節靈動性，膝關節雙虎眼的氣機上下旋轉，要與雙腰隙的轉動一致，驅使髖骨升降有序地旋轉，旋轉幅度不要過大，弓度要適中，確保小腿正直，最多不可超過腳尖，內合也需如此（不可太過）。過者易犯跪腿之弊，否則膝關節會受到傷害。這樣既有利於勁力和氣血上通下達，幫助腰勁向下鬆串，注入腳底，植

地生根，又能有助腳底之勁上翻傳導，這也是減輕膝關節承受壓力的主要手段。初學者應當在名（明）師的指導下，細心揣摩、刻苦訓練，才能順利過關。

活不活，全在腰腿轉換；靈不靈，全在步法（參見「陳式太極拳步法論」）調整。為此，盤架時應當以腰為樞紐，以兩腿輪流支撐重心，兩胯在爭衡對拉拔長中旋轉，以腰腿的出入勁為度，舉步要輕靈，邁步似貓行，乘步動之機，以腰胯旋轉而帶動，膝關節隨腿旋而提起，腳大趾領勁使氣勁上串，聚勁力於膝蓋（髕骨）之上，忽然向上一抖即鬆，類似散手中的「膝頂」擊法，常用於「腿（足）來提膝」「近便加膝」等招法。

另外，推手較技時「膝靠（撞膝）」「跪腿纏法」「繃腿」等技巧，大都運用於跌法之中，這都需要膝關節靈活而有功力。

腰腿勁的變換是調節腰、腿動作角度和加強爆發力的關鍵，發力時，尤其是心意一動，利用前腿把、後腿蹬和撑腰、扣襠，促使氣與勁集中在肢體某一點爆發出來，擊掌、蹬腿、肩靠、背靠均威力無比。在陳式太極拳術運動中，稱之為彈抖勁，是一種突如其來的爆發勁（參見「陳式太極拳鬆活彈抖論」），它的原則是：意遠、動短、氣足、勁長。

陳式太極拳腰腿勁的鍛鍊要求是在周身相隨的前提下，以中氣潛轉為軸線，以旋脊轉腰、旋腕轉膀、旋踝轉腿為主體，足從手轉，步隨身換，邁步輕靈，節節貫串，腰腿主動；下在上先，上隨下運，下走上連，隨人所動；意在人先，領略精神；功無間斷，年積日久，功夫自現。

第四節　陳式太極拳步法論

　　陳式太極拳中所講究的步法，是指太極拳運動中以腰腿勁的旋轉為主要動力，利用身旋步換來調整自身勁路轉換和方位、角度變化，及套路中動作的走招換勢所採用站立的步型與動步的方法而言。

　　步型，是指身體下盤固定的姿勢；步法，則是指下肢運動中變化時所採取的動作。為此，步型與步法如果沒有正確的區別和理解，盤架與推手較技時身體上部則會出現不應有的歪扭偏斜，很難保持身體的平衡狀態，更談不上周身相隨。所以，摸清和掌握步型與步法的規律，得以正確地練習及應用，則是為練習太極拳奠定了良好的基礎。

　　此外，太極拳又是以近靠短打為特色的拳種，更需要注重步型、步法的研練，方能使練習者身法更顯靈活和敏捷，這是陳式太極拳步法訓練的原則。

　　陳式太極拳套路中所要求的步型與步法轉換變化大致可分為：進步、退步、跟步、撤步、滑步、搓步、偷步、蓋步、上步、併步、頓步、扣步、擺步、墊步、掃步、調步、撲步、跨步、貓步、錯步、行步、正虛步、側虛步、後虛步、獨立步、交叉步、跳躍步、川字步、旋騰步、弓馬步、縱步等。雖說步法種類繁多，但在構成步型定勢時（川字步除外），雙腳的要求都須在不丁不八的狀態下停步站穩。

　　陳式太極拳的步法是平衡和支撐全身的根基所在，動

作的輕靈或遲滯全在於步法的正確與否。由此可見，步法的運轉調整、進退轉換和左顧右盼，必須陰陽輔承、虛實分明，左虛則右實，左實則右虛。在弧形調襠的前提下，同時以腰胯的旋轉為度，促使兩腿相互輪流負擔身體的重量，看來似乎雙腿可以得到輪換的休息，但步法的虛實變化和襠勁的調整是漸變而不是突變，只有動作做到勻停、緩和，才可能達到「運動須無微不到」的效果。

此外，一腿的持久性支撐力較大，運動量也相應地增強了。所以，久練太極拳的人，不但腿部肌肉相當發達，而且下盤根基也特別穩固，方能顯露支撐八面的效果。

兩腿雖然要求虛實分明，一旦轉換運行，還須留意虛中有實和實中含虛，「虛非全然無力，實非完全站煞（呆、滯之意）」只有虛實陰陽相互滲透，才能使腿部的動作變化得到輕順靈活的發揮。唯其如此，太極拳運動的陰陽轉機及前進、後退、左旋、右轉都必須在腰部旋轉為主體的領動下，步隨腰轉，身從步換，陰陽互助，虛實兼備，邁步要求輕靈中含有穩健，不可輕浮和滯重，更決不允許有絲毫的搖擺晃動現象存在。

尤其應該注意的是：步大而沉著穩固，步小而靈活流暢。步伐不在大小，關鍵在於柔而順，敏而捷，高抬腿，輕落足，腿抬腳不空，邁步似貓行。

陳式太極拳的步法和手法同樣需要走弧線、畫圓圈纏繞運行，決不允許直來直往和直上直下的動作出現，並且要求腿足的動作和手臂的動作同步協調一致，旋轉運行。運動中須使手足在「上有兩膊相繫傳遞，下有雙足旋轉相隨」之中有相吸相繫之意，要求肢體在運動中體現出「手

與足合，肘與膝合，肩與胯合」的外三合要求，使渾身上下之勁完整不亂。在其「手領足運、足從手轉」的基礎上，方能符合「周身上下相隨」的原則。

陳式太極拳運動中，大凡動步，欲起步則先抬腿，而後順腰勁下串，腿出步落。其中落腳的方向、角度和轉換時足尖的擺扣或足跟的左擰右旋，大都是在髖骨內合和膝關節內撐外挪的情況下進行，其主次先後都須辨別清楚，方能運用得當，這是「步法」之中的規律程式。

尤其須注意的是：在抬腿的一瞬間，要以腰部為動力，腎氣則是動力能量的源泉，雙腰隙卻是內勁的出入門戶，在中氣貫串與虛領頂勁的帶動下，隨其一側腰隙下沉擎起另一側腰隙之機，同時必須有鬆胯、泛臀和小腹與恥骨內收的動作配合，引導關元、中極二穴共同納氣，沖至命門。與此相對應的肢體表現，還須在雙腿同向裡纏和雙足齊向內旋的前提下，一側腿以入勁的運動方式，使其勁聚集於膝蓋之上，領動大腿抬與胯平（小於90°），小腿好像吊掛在膝關節上，鬆垂直豎，腳以大趾領勁微含扣意，五趾同時微微收攏，湧泉穴虛而內含，有吸地氣之意，足底平整自然，腿足之勁同時纏回腰間，氣機也要隨勢合收丹田之中，與上肢下沉的氣勁合拍於中宮，周身構成合抱的姿勢（如須運用腿足之擊，可隨丹田勃發而蹬出，即是陳式太極拳暗藏之腿法），以待出腿落步轉換。

隨著氣機下沉和腰勁向下鬆串之機，在鬆胯伸腿的動作配合下，驅使高抬一側的腿足以出勁的運動方式向前或側方向出腿邁步，腳五趾隨勢舒展，湧泉穴同時吐氣，腳踵或足跟內側虛虛點落地面，或者鏟地而出，而後，腳掌

與腳尖相繼落地。步法如須轉換，腰勁順腹股溝向下鬆串，貫串於「弧形調襠」中，帶領身體的重心和重量向虛腿一側緩慢移動，只待虛腿一側微感重力，腳五趾就必須及時向內微收，同時抓地，湧泉穴也須由吐變納，重心方能移至虛腿一側，腳掌和腳尖相繼踏實，實腿一側同時相對變虛，以待繼續調步轉換。

如須退步，則要求高抬一側的虛腿，在雙胯爭衡與襠勁前合後開的前提下，以出勁的運動方式，經實腿內側畫內下弧向身體後方或側後方出腿，首先由足尖或者前腳掌虛落地面，隨後腳跟相繼落地，由於襠勁調整，重心移動，虛腿一側逐漸踏實，以待繼續轉換調整。

此外，還應該注意的是：在雙胯前捲後開的運動過程中，既要有闊肌膜張肌的放鬆前合和腹股溝的勁力下沉動作，又要有腿部內側的陰勁自內向外、自後向前地纏繞運動，促使開胯圓襠與開膝合髖的動作完成。同時，雙胯根前側始終保持窩狀，使其部位活而又鬆，引導氣衝穴內氣機潛轉，襠勁的調整方能達於靈便，才能做到腹內鬆靜自然，氣機騰然而有序。

足尖的上翹、下落、外擺、裡扣、前旋、後轉、起步和出步等，大都以足大趾領勁進行運動。領勁的表現在於力度的適中程度，適中的體現在於對「無過不及」的理解與掌握。如果領勁太過，則會導致關節和肌肉緊張，容易產生鼓脹的橫氣，關節轉動也不靈活，氣血不能順達；領勁不及，則會導致動作鬆懈無力，毫無生氣可言，起不到領的作用。

領勁之意，只須使勁領起即可，正如騎自行車或雙輪

摩托車那樣，要使雙手在放鬆中把正方向。這就是說，動力往往自後向前，待動力催到前方時，前面自然會出現一種領勁，使其勁隨意念設定的方向運行，其勁領得越自然越好。

陳式太極拳講究的三處（頭、手、足）領勁，都必須按照上述原理進行。所以，太極拳有「根節催、中節隨、梢節領」的運動模式，這是節節貫串的需要，也是陳式太極拳領勁的基本概念。為此，陳式太極拳有注催不注領之說，千萬不要捨本求末。

陳式太極拳推手較技中，不但對身法要求得非常嚴謹，而且對步法的運用也是一絲不苟的。步法的轉換，既能夠彌補推手較技中身法不足之妙用，又能在較技時展現出足腿技法的特色，構成了陳式太極拳的獨特風格。

一般來講，陳式太極拳推手較技中的步法運用共有兩種，一種是五行步，另一種是九宮步。

五行步是以前進、後退、左顧、右盼、中定為主體，步伐相應可以較大一點，大都適用於合步和順步中的「進一退一」及「大捋大靠」推手較技之中。

九宮步則以起、承、轉、落、蓄、騰、閃、游、活為原則，主要用於輕靈而敏捷的小步法中，不熟練時就必須按照九宮方位，穿宮換勢，循規蹈矩地練習，一旦熟練，即可不拘格式，隨勢而走，隨招而換，隨意而行，隨勁而運，只要能己順人背即可。

九宮步一般運用於「亂採花」和「花腳步」等活步推手較技和粘黏滑脫的散手之中，形成了在不同條件下採用不同方式的步型和步法變化。雖然兩種步法有共性也有異

點，但運用起來卻有異曲同工之妙。

　　所謂「五行步」，是指推手較技中的步法，根據《易經》中後天八卦的五行方位變化轉換而得名。為此，要求步法按照五行中的南方丙丁火為進步、北方壬癸水為退步、東方甲乙木為顧步、西方庚辛金為盼步、中央戊己土為中定步。這五者交織變化，組成了前進、後退、左顧、右盼、中定五種變化的五行步（圖一五行步示例）。故當今太極拳界簡稱它為「五步」。

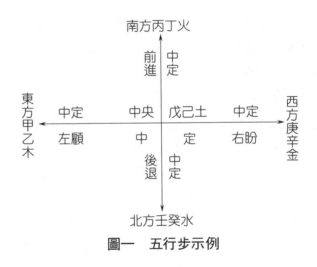

圖一　五行步示例

　　五行步雖然由五種步法而組成，但運用起來都必須在以中定步為主體的基礎上，前進、後退、左顧、右盼的步法才能得到較好的運用。這就是說，步法無論怎樣地調整運動，都必須在中定後蓄勁的基礎上進行。可見步法的調整轉換，既是為了提高身法的靈活和加大手臂的活動範圍，又是為了尋找推手較技中最有效的蓄勢狀態和最佳的

發放角度。

　　總的說來，步法轉換與調整的目的，是為了「我順人背，克敵制勝」。因此，「隨人之動，動步換勢，攻其不備」，則是陳式太極拳步法的根本所在。

　　所謂步法中的「中定步」，講究的是意靜神安的還原態勢，這就是太極拳運動中所要求的合勁與蓄勁。從一般的情況來看，動步中的一瞬間是合不住勁的，只有在鬆靜之中合住勁，使勁蓄足，才能做到有的放矢。

　　從這個角度來看，有兩個重要時機要把握，一是先蓄勁而後動步出勁，二是首先調動步法找準勢態、時機，及時中定蓄住勁，而後發放。這就是推手中所講的：「動中猶靜，靜猶動。」在太極拳推手較技中的表現，又是「中定步」的真正含義所在。

　　九宮步是根據「太極中分一氣旋」之理，運用「河圖」與「洛書」中奇數和偶數的生成變化之數，按著先天八卦中乾、坤、震、巽、離、坎、兌、艮八個方位轉換為依據。縱、橫、斜、正相互交錯，以中央五數為核心構成九疇，內含勾三、股四、弦五的三角形運動方式用於步法之中，要求步法按照依次連三方和隔次連三方的運行路線，使其形成穿宮換位的運動方式，構成九宮步格局，以彌補推手較技中五行步的不足之處。（圖二九宮步示例）

　　陳式太極拳活步推手較技中，步法要求自始至終都必須在身樁端正、虛領頂勁、鬆肩垂肘、含胸塌腰、束肋合腹、心氣下降、鬆胯圓襠、氣沉丹田的原則下，以腰為總樞紐，步步以身領，輕靈而柔順，處處意在先，鬆活而敏捷，閃展（勁）知輕重，騰挪（氣勢）須相連，勢勢隨人

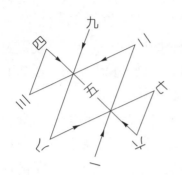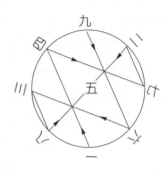

圖二　九宮步示例

走，邁步似貓行。

　　在太極拳推手較技中，還必須遵循「手不夠，身來湊；身不夠，步來就」和「打人如親嘴」的運動規律，確保做到步到、身到、勁到。正如拳諺所說：「步到身不到，打人不為妙；步到身也到，發人如吹草。」一句話點出了步法和身法相結合的重要性。

　　步法運用的關鍵在於：以腰催身，身領步換，步隨身運，身隨步轉，上隨下運，下在上先，上攻下取，下管上連，上引下進，下走上粘，上下合勁，變換力點，逆來順受，不欠不貪，粘黏連隨，觸處成圓，我守我疆，閃展勁連，騰挪有序，形運螺旋，知己知彼，勁貴驚彈。

　　陳式太極拳推手較技中講究「欲動必進步，進步須管插」。所謂管插，是指推手較技時進步所採用的兩種方法：

管：

　　是指「管腿法」，就是利用自身的優勢，促使進攻的對方一側的腿足順步從對方身外側邁步，用其纏法管制對方的前腿足，運用「膝靠」和「小腿跪纏法」破壞對方根

基，然後採用「打回頭勁」方法，使對方騰空跌出，陳式太極拳稱它為「外身進攻」的「管腿法」。

插：

是指「插襠法」，就是在引空對方的一瞬間利用進步插襠，直踏對方中門，以奪勢占位的方法，步到勁出，擊得對方騰空跌出，太極拳稱它為「內身進攻」的「插襠法」。

由此可見，進步是為了進擊，退步則是為了更有效地進步。步法的運用之妙，在於進步不被人知，所以又稱為「進暗步」。

步法既詳，腿法內藏。陳式太極拳的腿法一般融會於步法之中，運用於太極拳的跌法之內。

所謂跌法，是指推手較技中，利用順勢借力的方法，「擎起彼勁借彼力，引到身前勁始蓄」。使對方毫無憑跡可借而失控跌倒，或對手失控後，乘其站立不穩時，以補手擊倒，這都屬於跌法的範疇。為此，拳論中有「不懂跌法妄徒勞」的說法。

拳諺云：「手是兩扇門，全憑腿贏人。」可見武術中的腿擊技巧，在於手與腿足配合之妙，它是制其上而攻其下的具體表現。推而詳之，利用步法上的調整，乘自身身法與步法得機得勢的同時，引導對方的氣機上浮，下部必然空虛，乘機攻其根部，一擊奏效。不僅如此，如能做到上下呼應，手足同步異向扭摽，猛然一抖，可使對方原地跌倒。這種跌法多用於撞膝（靠）、帶腿、繃腿、管腿、闖襠等。

陳式太極拳推手較技中的「小鬼推磨」「滿頭掃雪」

和「打回頭勁」等著名招法，大都具有上下相互配合、手腿足合璧運用的特色，體現出陳式太極拳推手較技中「步中藏腿，腿中含步」的技擊風格，這是陳式太極拳步法的奧妙所在。

第五節　陳式太極拳纏絲勁析論

陳式太極拳「纏絲勁」又叫「纏絲功」，是陳式太極拳運動中內纏外繞相結合的總稱，也是陳式太極拳的靈魂所在。

對於究竟如何獲得太極拳纏絲勁意象（意者，心也、思也；象者，顯也、形也），並將心中的意象修煉蘊化於形體纏繞運動中去——對這一重要問題的理解及其掌握程度，直接反映了陳式太極拳練習者所達到的技藝境界。

一、纏絲勁的由來

陳式太極拳「纏繞」一詞，由陳式太極拳創始人——明末清初時，河南省溫縣陳家溝第九世陳王廷在《拳經總歌》中首次提到。其中「縱放屈伸人莫知，諸靠纏繞我皆依」一句，集中體現了陳式太極拳運用纏繞運動的特點。

陳氏第十六世陳式太極拳傑出代表人物陳鑫在其所著《陳式太極拳圖說》中，站在一個嶄新的理論高度，使歷代拳家難以言喻的太極拳運動中的精髓——中氣，與有跡可尋的肢體纏繞有機地結合起來，並精闢地指出：「吾讀

諸子太極圓圖而悟打太極拳，須明纏絲精（勁）。纏絲者，運中氣之法門也，不明此即不明拳。」此言高度地概括了「太極中分一氣旋」的太極拳術理論精髓，並創立了陳式太極拳以中氣潛轉為軸線，形體纏繞運螺旋，陰陽入扶，開合相承，互相傳遞，消息盈虛為根基的太極拳「纏絲勁」學說，為後來者提供了詳盡的理法依據。

二、纏絲勁的本質

陳式太極拳的纏絲勁，即是「中氣」潛轉、達於肌膚、纏繞運行的外形體現，也是「以形導氣」的必然途徑。而中氣則是纏絲勁的靈魂與主宰，是「以心行氣」「以氣運身」的動力所在。所以，理解和掌握中氣的凝聚與潛轉，是練好陳式太極拳的必備條件。

中氣居人體正中央，上通百會穴，下通會陰穴，一線貫穿。中氣之「中」，即正中、中庸也，不偏、不倚、不滯、不息，無過不及，是立身中正的概念；中氣之「氣」，是以心意為主體，行陰陽五行之氣。

氣又分先天與後天之氣，先天之氣即是人生的先天元氣，秉受於父母，居人體正中央；後天之氣則是指大自然之氣與水穀所生化之氣，納進人體內扶助元氣壯大充盈，其氣出入於命門，聽令於心神，利用來脈轉關，驅使軀幹和四肢各依其中纏繞運行，形成了以中氣潛轉為軸線、形體運動走螺旋的纏絲勁運動網路。

纏絲勁在河南方言中又稱「麻花勁」，取其纏繞象形之意，說明多股勁像麻花形狀撑撐纏繞在一起，它的運動

模式是：根、梢（節）擰轉，中節（上通下達）隨動。運動時類似「麻花鑽」原理，鑽頭工作時，沿其中軸線螺旋下降，物屑卻反向沿著鑽頭紋線軌跡同步螺旋上升。身體同步螺旋下沉、手臂旋轉上升的動作，在陳式太極拳盤架與推手較技中尤為多見，這就是在中氣貫串中身軀與四肢纏絲結合的一種具體表現。

纏絲勁俗稱太極拳內功，講究「形功（洗髓）、氣功、勁功、意功」四者合為一體。尤其在陳式太極拳運動中，自始至終都貫穿著纏絲勁的訓練法則，在其訓練的不同功夫層次中，纏絲勁則有著不同的含義。其主要階段是「練形聚精，練精化氣，練氣化勁，練勁化神，練神還虛」。由長期的「以意導形、以形導氣、以氣導體、以意導氣」的不同階段和層次的鍛鍊，其勁萌生於體內，潛藏於丹田，內入骨縫循經走脈，外達肌膚螺旋運行，收放皆聽令於心神，達到驚、顫、彈、抖皆隨意，擒、拿、化、發於有意無意之間。與此相對應的大圈、中圈、小圈以及「無圈形而寓圈意」的功夫會循序漸進。

三、纏絲勁的類別

陳鑫在《陳式太極拳圖說》中提到：「太極拳纏絲法也。進纏、退纏、左右纏、上下纏、裡外纏、大小纏、順逆纏……」雖然陳鑫總結有以上六對纏絲法，但主要歸納起來就是順纏和逆纏，其餘五對都是根據不同方向而命名，實際上是以順纏和逆纏相組合而成。所以，只要掌握了順纏和逆纏的練法，就找到了練習纏絲勁的捷徑了。

　　陳式太極拳要求以心運身，以身運手，以手領勁，足從手轉，身手合一，周身相隨，這些不外乎順纏與逆纏，其中又分出勁與入勁的區別。從內勁方面來講，出勁為順纏，為動分，是離心力的表現；入勁為逆纏，為靜合，是向心力的舉措。

　　從形體上來講，上肢的出勁有以腰催肩、以肩催肘、以肘催手、以手領勁（出手時尤為多見）；上肢的入勁有以手領肘、以肘領肩、以腰為主宰（收手時尤為多見）。下肢的出勁有以腰催胯、以胯催膝、以膝催足、以足領勁（出步時尤為多見）；下肢的入勁有以足領膝、以膝領胯、以腰為主宰（收抬腿時尤為多見）。

　　腰勁的出入更為重要，注重兩腎氣滾動，催動兩腰眼（隙）互相傳遞，各領半身轉動。左腰眼出勁時右腰眼催，同時入勁，反之亦然。這就是陳鑫所論的「出腎入腎是真訣」即此意也。

　　陳式太極拳對內勁與外形動作總的要求是：明其陽而注其陰，知其前而注其後，知其出而注其入（根節催、中節隨、梢節領）。

　　如以第十四式「掩手肱捶」動作的最後一動為例，在前腳把（為入勁）、後腳蹬（為出勁）的同時，以腰勁擰轉為主，雙手同時以右（陰）手為主（運陽勁），以出勁（為陰中陽）的運動方式向前猛然勃發；左（陽）手同時為賓（運陰勁），以入勁（為陽中陰）的運動方式待勁力貫於左肘尖時向後猛然一抖，以助右手的出勁。

　　從以上描述可以看到，其勁勃發的一瞬間，不要過多地注意右手的發勁效果，必須注重左手的入勁程度，促使

其勁順著左上臂上傳於肩部，通過左肩傳遞於右肩的「通背勁」，以助右拳向前發勁。這即是注陰不注陽、注後不注前、注入不注出的典型拳勢和心法。

太極拳要求以身催手，以手領勁，千萬不可捨本求末（梢），為了做到先催後領、催領得當，所以，對於手掌上的纏絲勁也不可忽視（參閱拙著《陳式太極拳精義》「外三合」中對以手領勁的論述）。手有五指，指含三節，而大指根節卻隱藏於掌內，共十五節，像太極也。雙手合數共三十節，象徵每月三十日（農曆）。手掌的靈活程度全憑手指的配合運用，大指雖然短粗，但可獨當一方，不可缺少。四指缺其一二，尚能持物，其相合之妙不假借、不強制，自有天然之妙。

所以，陳式太極拳的手型要求：五指鬆直舒展，掌似瓦楞，氣貫指肚（以中指為主）。以先天五行指而論：對應於內五行，中指主心，屬於火；食指主肝，屬於木；無名指主肺，屬於金；小指主腎，屬於水；拇指主脾，屬於土。即是先天五行指對應內五行的具體表現。

陳式太極拳的纏絲勁，必須遵循雙腰隙的虛實、陰陽轉換規律，及其出腎入腎的運動方針，驅使身體上肢利用雙肩旋轉，互相催領傳遞，旋腕轉膀，接骨斗榫，來脈轉關，令其骨轉，以達洗髓效果，引導肩井、雲門、極泉、曲池、曲澤、內關、勞宮等諸穴內氣機潛轉，促使雙手指在陰陽變化中隨勢做順纏絲和逆纏絲。其中，小指領勁拇指合，食指與無名指相吸相繫，引導勞宮穴內氣機潛轉，手掌向身體內側旋轉纏繞為順纏絲，先天五行指稱它為「運水入土」；拇指領勁小指合，食指仍然與無名指相吸

相繫，引導勞宮穴內氣機潛轉，手掌向身體外側旋轉纏絲為逆纏絲，先天五行指稱它為「運土入水」。

在太極拳訓練過程中，無論順纏絲或者逆纏絲，都必須在纏到位的一瞬間，勁鬆於中指肚，意加停息，氣機一旋，經勞宮穴纏回腰間於丹田。

陳式太極拳對四肢總的要求是：腰為動力，以身催手，以手領勁，手隨神往，足從手運。

四、纏絲勁的訓練

(一)纏絲勁的形體訓練

纏絲勁的形體訓練，是指肢體各部位在太極拳運動中得以螺旋形纏繞鍛鍊。正如拳諺所云：「外練筋骨皮，內練一口氣；腰似蛇形腿似鑽，周身運動走螺旋。」同時也說明太極拳以形導氣階段必須借助肢體外形走弧畫圈的螺旋纏繞，來帶動身體內部氣機的運行與聚合。長此訓練，才能漸悟纏絲勁的意象和內涵。

陳式太極拳對形體纏絲的總要求是：從腰部纏至四梢，再從四梢纏繞回腰間，循環往復。其緊要處在於腰、肩、胯必須旋轉一致，互為傳遞並相合相隨。

陳式太極拳的身體纏絲運動規律，可分三種表現形式。

1.軀幹部位：

以身軀正中為軸線（上通百會穴，下至會陰穴一線貫串，即身軀中氣之通道），腰為主要動力，以套腰勁、花

腰勁、螺旋腰勁為主要訓練方法，同時旋脊轉腰、胸腰折疊蛹動和胸腰運化，從而引導身體內部的氣機運聚。

2. 上肢部位：

以胳膊正中為軸線，以中氣貫串、雙肩微微前捲裡合、對拉拔長、接骨斗榫、鬆開似脫、互為催領、互相傳遞，同時旋腕轉膀，促使肱骨旋動，尺橈二骨擰摽翻轉，雙手順纏或逆纏，雙肘鬆垂，隨之同步旋轉，從而引導雙手臂的節節貫串之勁。

3. 下肢部位：

以腿正中為軸線，中氣貫串，雙胯同時鬆開，爭衡前捲裡合，襠勁撐圓，開膝合髕，雙腿裡纏，旋踝轉腿，股骨旋動，雙足拇趾領勁纏動，脛腓二骨擰摽翻轉，從而引導雙腿和雙腳的節節貫串。

陳式太極拳在運動中還講究：「皮毛要攻（豎），皮肉要鬆，節節貫串，虛靈在中。」為此在訓練形體纏繞的過程中，要求關節、筋腱、網膜、肌膚在放鬆和對拉拔長的狀態下做到靈活敏捷地畫弧轉圈運動，促使胸腰旋轉運化和折疊蛹動，同四肢的屈伸、往返、進退、纏繞有機地結合起來。

同時要特別注意：既要有以頸、脊、腰、肩、胯、肘、膝、腕、踝為軸做弧形運動的大圈，又要有以股肱為軸做正反旋轉的小圈，藉以帶動身體內氣的流通與團聚。

此外，還要注意纏絲勁練習中，一手或一足的纏絲法和一臂或一腿的纏絲法，有了體會後再練兩手足和兩臂腿的同步纏法，及身體一側的同步纏法，從而逐步掌握身體各部和整體的纏法。

總之，在陳式太極拳纏繞運動過程中，必須細心體會揣摩「筋骨對拉拔長、關節接骨斗榫」。在來脈轉關得體的前提下，促使周身在鬆活柔順而又敏捷的狀態下自然地纏繞旋轉。在一動無有不動之中，一動即纏，一運即纏。

(二)內纏外繞，互為表裡

陳式太極拳其功較難，難就難在功夫；猶難者，長久功夫。拳論有云：「莫歎難，莫歎難，勸君從裡往外練，不在外邊在裡邊；內裡通，一身輕，玄妙天機自然生。」

陳式太極拳有一個大原則，講究處處皆有陰陽開合，動靜浮沉隨處皆布圈走圓。周身纏絲運動應當始終在中氣貫串下協調一致，和諧完整。

可見纏絲勁在訓練時，尤其要注意的是：氣由精變，由弱而強，生於腎，養於丹田，發於丹田，出入於命門，順脊而（逆）行，循經走脈，充於肌膚纏繞運行，復歸丹田之中。正如陳式太極拳前輩所說：「心為一身之主，腎為內氣之源，腰為發動之機，胸為運化之府，脊為督氣之徑，肢為運動之道。其主要者，即氣不離丹田。」因此，在纏絲勁訓練中要加強內氣的凝聚能力，注意氣息的潛轉與運行。

其氣由腎而發，自後而前由襠中過來，沖長強（尾閭）穴順脊而直上，注意腧（穴）口納氣，必須鬆胯圓襠，下閉穀道，防止氣往下泄。氣升於頂，由百會穴下降進入泥丸宮（即丹田宮，居九宮之中央）內，隨著兩肩一鬆，雙肘一垂，膻中穴微內含，兩肋一束，乘其合腹，氣歸於丹田。同時腰勁向下鬆串，內勁除頭頂懸領勁外，渾

身之勁要全部鬆入腳底，以助腳底之勁上翻傳導。

由於清氣上升，濁氣下降，使陰陽開合之機消息盈虛之數都寓於心腹之內，使氣勢開之則其大無外；合之，則退藏隱密。其根本要義在於氣由精生，勁由氣化，勁與神合，潛藏於丹田深處，變化於瞬息無形之間。不使用時，浩然長存，靜若處子；一旦運用，抖然勃發，神形並茂，隨心所欲。

五、纏絲勁的運用

由纏絲勁的內纏外繞，體內氣息與肢體起到了相應的變化，最主要的是身體內部氣機潛轉與運聚能力增強，促進肢體生長出一種靈活而又沉穩、粘黏性極強的掤勁來，其勁不但韌性極佳而且彈性極強，尤其是運用於推手較技中時，可權衡對方來勁之大小與長短，準確把握對方勁力之方向、角度，任憑對方變化多端，皆能隨其所動，乘機而纏，乘勢而纏，使對方雙腳如踩在球上而站立不穩。另外，纏絲勁在運用中能使自身由背轉順，我守我疆，觸處成圓，容易找到對方的邊沿（身體的薄弱環節）與背勢，在無意中形成不拿而自拿和反拿敵方之效果。

陳式太極拳在推手較技中講究：「上肢虛攏，下盤穩固，中間靈活。」為此，借對方來勁，虛攏詐誘，引入陣內，運用纏法，纏其梢節，制其中節，摧其根節。

換句話來說，把握對方舊勁已去新勁未生之機，隨招就勢制對方肩部，令其出勁從手返回肩部，再從肩部順其背串下，把腰勁串死，並令其腰勁經後（前）腿串至腳

跟，使對方重心腿加重不得轉換，胸腰不得運化，內勁受阻發滯，前（後）腿空虛，令對方欲退不可，欲進不能，只得俯首聽命。在太極拳推手較技中，稱此勁為「拿勁」，屬於慢勁之范疇，不是功夫深厚者很難作到。

從另一個角度來講，在制住對方根節的同時，以迅雷不及掩耳之勢施用彈抖之勁，擊得對方頭暈目眩、陰陽倒轉、精神失調和前（陰）勁升、後（陽）勁降的速度加快（陳式太極拳要求前降後升），令對手莫名其妙，拔根騰空跌出。

拳論云：「氣洪濃，勢崢嶸，團團聚聚在中宮；隱而不發節節靈，忽然身依氣，氣依形，霹靂雷交加心火動，上下左右辨體形。」對此言，學者必須細心揣摩，體會時機，使纏絲勁諸法隨心意而動，利用自身優勢，意在人先，後發先至，乘勢而纏，隨動而纏，即引即纏，即進即纏，身挨何處則何處纏（合勁），用驚顫彈抖螺旋勁，驚空對方心意，令其心悸。

綜上所述，即為陳式太極拳纏絲勁奧妙所在，前人所論：「不明纏絲勁即不明拳。」誠如所言。

第六節　陳式太極拳陰陽剛柔論

陳式太極拳講究的陰陽、剛柔，是將《易經》中「太極中分一氣旋」的陰陽變變之理，借於太極拳訓練過程中，要求人體內部中氣潛轉和外部形體螺旋纏繞兩者相依相蘊，在拳勢中，自然會出現神氣鼓蕩、神奕內斂、忽隱

忽現、鬆緊得體、快慢有序、鬆活彈抖、剛柔相濟、靜以
待動、動以處靜的態勢。運用於太極推手較技中，由「柔
過氣，剛落點」顯示出虛實兼備、觸處成圓、力點變化、
驚顫彈抖、柔化剛發的功效。這是陳式太極拳追求的「有
心練柔、無心成剛」的高級境界。

拳經云：「動則生陽靜生陰，一動一靜互為根，果然
識得環中趣，輾轉隨意見天真。」又云：「陰陽無始又無
終，來往屈伸寓化工，此處消息真參透，圓轉隨意運鴻
蒙。」這是陳式太極拳中陰陽轉換、互為始終和根基的真
義所在，也是太極之理寓於人體的具體表現。所以，首先
明白「太極之陰陽」哲理則是修煉太極拳的必經途徑。

一、太極的陰陽易理

中國古代的自然哲學認為，在宇宙的生成序列中，太
極由無極發展而成，它是從無到有的聯結環節，展示了從
無形到有形的演變過程。

太極是陰靜陽動的基礎，是分陰分陽的起點。從哲學
邏輯來看，太極高於陰陽範疇；就宇宙生成序列來看，太
極先於陰陽，有太極才有陰陽。太極之所以能分出陰陽，
則來源於太極自身的動靜。故太極不僅是動靜的實體，而
且是陰陽的母體，陰陽出自太極，猶如太極出自無極。由
於太極的生化是一種物質的演變過程，因此太極來自於物
（無形的物或未知形態的物），又能轉化為它物，它自身
本然也是一種物，且是特殊的物，一種介於氣與非氣之間
的原始物質。在特定的情況下，太極動則生陽，靜則生

陰，是「一種氣化的物質演變過程」。

太極講究動而生陽，動極而靜；靜而生陰，靜極復動；一動一靜，互為其根。顯然，太極兼有動態和靜態兩個方面，動是太極本身的動，靜是太極本身的靜。也就是說，太極本身既有不斷運動的一面，也有相對靜止的一面。太極的動靜都是自身的動靜，內部的動靜不全是由此及彼地移動，也不是外物作用的被動。因此，太極的動靜不是彼此分割，而是互相聯繫、互相轉化、互相促進、互相制約。所謂動極而靜、靜極復動，說的是動靜之間的轉化，動之極致，無可再動，復歸於靜；靜之極致，無可再守，方始起動。

太極的動因和靜因都是內部固有的，不是外來的，這種內部固有性，就是所謂的「一動一靜，互為其根」。根者，底也，是基礎條件的意思。互為其根，就是互為基礎，互為啟動條件。動以靜為存在的基礎和發展條件，反之亦然。太極動了靜，靜了動，動極必靜，靜極必動，一動一靜，如環無端。無動不能靜，無靜不成動，由動之則分、靜之則合的陰陽變化交換規律，構成了「虛者必息，息者必盈，盈者必消，消者必虛」的陰陽循環程式，這是中國古代哲學認識世界非常獨特的方式。

「太極中分一氣旋，兩儀四象五行全，先天八卦渾淪聚，萬物何嘗出此圓！」從易經先天八卦來看，乾、坤交媾，產生六子——震、巽、離、坎、兌、艮，分陰分陽，這是萬物生成之道。陽而健者成男，父之道也；陰而順者成女，母之道也。因此，中國古代哲學認為，人、物之始，以氣化而生——氣聚而成形，形交氣感，遂以形化，

而有人之生成、物之生化。

綜上所述，從無極開始有太極，太極之動靜生陰生陽，陽變陰合而生五行，陰陽、五行之氣妙合與交感，生男生女、萬物生化。

從上而下的生成程式論：「由無極而太極，由太極而陰陽分，由陰陽而五行全，由五行而男女成形、萬物生化。」從下而上的歸原程式論：「由萬物生靈而歸五行，由五行而合陰陽，由陰陽而歸太極，太極本無極也！」循環無端，天機盎然。

太極圓圈自成一體，是一個封閉的體系，由正中心「皇極」部分的動分靜合，構成了消息盈虛的陰陽轉換規律，無休止立體地運行轉動，它總體表現為「開之則其大無外，合之則退藏隱密」。

二、太極拳的陰陽哲理

拳經云：「運動之功夫，先化硬為柔，然後練柔成剛。及其至也，亦柔亦剛，剛柔得中，方見陰陽，故此拳不可以剛名，也不可以柔名，直以太極之無名名之。」欲練太極拳，起手要論陰陽，明其陽而注其陰，促使肢體內外逐步由柔到靈、積柔而成剛。

拳經又云：「孤陰不生，孤陽不長。」可以說，太極拳運動中最忌陰陽孤立，在整個拳架套路中，自始至終都貫穿著「陰不離陽，陽不離陰，陰陽互生，陰陽互助」的陰陽平衡意識。

除了要清楚運動中的陰中有陽、陽中有陰，還要體會

動作時陰中含有陰陽、陽中也含有陰陽的更深一層的內涵。這樣才能使拳勢中每個動作、甚至每一動，在陰陽轉換上更加細膩、透徹、圓轉如意。

論人身的陰陽，大致可分為：頭為陽，腹為陰；背為陽，胸為陰；身體外形為陽，內氣為陰；腰為人體陰陽之本。雙手臂為陽，雙腿足為陰；身體明處為陽，暗處為陰。按人身方位，正前方為陽，正後方為陰；左側為陽，右側為陰。

論太極拳形體動作的陰陽：動者為陽，靜者為陰；開者為陽，合者為陰；實者為陽，虛者為陰；手足上抬為陽，下落為陰；手足伸展者為陽，屈收者為陰；前手足為陽，後手足為陰；主手足為陽，賓手足為陰；先運者為陽，後運者為陰；前進者為陽，後退者為陰。

其中動作中的「開中寓合」為陽中有陰，「合中寓開」為陰中有陽。另外，欲開者先合，欲合者先開，欲放者先捲，欲發者先蓄，俱為陰陽轉換，即有消必長也。

尤其是動作與動作的承上啟下處，更應該注重：有上必有下，下在上先；有左必有右，左右逢源；有前必有後，前後連貫；有進必有退，進退有序；有領必有催（注催不注領），互相傳遞。這些綜合起來，就是形體上的陰陽轉換，互為扶助的表現。

論太極拳的內氣和內勁的陰陽：陽氣之凝聚則為陰，陰氣流動則為陽；中氣潛轉為陰，形體旋轉為陽；出勁者為陽，入勁者為陰；順纏絲為陽，逆纏絲為陰；發勁者為陽，蓄勁者為陰；呼氣者為陽，吸氣者為陰；清氣上升者為陽，濁氣下降者為陰。

　　陳式太極拳就是遵循陰極生陽、陽極生陰的物極必反規律，使消息盈虛之數俱寓於心腹之內，聚陰而陽生，使心腹之內一點溫暖之氣成長而壯大至周身，以求一粒粟米落於黃庭（丹田所在部位，前對臍、後對腎，七三分成）之中。

三、太極拳的陰陽交會

　　陰寓陽之內，陽寓陰之中，這是陳式太極拳陰陽互為生化的基本條件。練習時必須注重：「知其陽而注其陰，聚其陰而待陽震。」這是煉精化氣、生丹種田的必經之路，也是陳式太極拳由鬆入柔的關鍵所在。

　　宋人邵（雍）子云：「耳司聰明男子身，鴻鈞賦於不為貧；因探月窟方知物，未攝天根豈識人。乾遇巽時觀月窟，地逢雷複見天根；天根月窟常來往，三十六宮都是春。」邵（雍）子的比喻非常貼切，他按易經先天八卦中的始復之機借於人身，說明「陰極生陽」和「陽極生陰」物極必反的現象，比喻人體內部以八卦爻變之理，引導氣息相應運聚，達到生丹種田的始機。這是宋代以後儒道兩家歷代煉丹和習練內功的法則。

　　以人體而論，頭為六陽之首，為周身運動之領袖，全身六條陽經匯聚於此，先天八卦屬乾位，謂之太陽。陳式太極拳稱它為泥丸宮，透過意靜神安的練功程式，陽極生陰而光現，由祖竅（印堂穴）出現一個亮光點，內功稱此為「月亮」，是一陰出動的徵兆。月窟的形成，從先天八卦中的卦爻變化角度來看，正是由太陽的乾位而生出一陰

出動（少陰）的巽位，印證了邵（雍）子描述的「乾遇巽時觀月窟」的情景。換句話來說：「盈者必消，生陰之所。」故稱印堂穴內為「上丹田」。

腹為周身六條陰經聚積之所，先天八卦屬坤位，謂之太陰。陳式太極拳要求以含胸塌腰、束肋合腹的動作，促使內氣團聚於小腹之內，聚陰而陽生，一陽出動，隨著關元、中極二穴同步納氣，聚氣而成形，使一粒粟米落在黃庭之中，生丹種田，「天根」得以形成。從先天八卦圖中的卦爻變化角度來看，由太陰的坤位生化出一陽（少陽）出動的震位，正是邵子所述的「地逢雷複見天根」之時。

再換句話來講，虛者必息，生陽之地，故稱此為「下丹田」。邵子所說的「天根月窟常來往」，即是指下丹田之氣經會陰穴沖尾閭穴逆行而直上督脈，氣升於頂，經百會穴進入泥丸宮（上丹田）內下降，再經胸腹進入下丹田，如此往復，周天形成。二氣循環滾走不停，如陳鑫所云：「煉之一刻則一刻周天，煉之一時則一時周天，煉之一日則一日周天，煉過十年之後，周身混沌及其虛靈，不知身之為我，我之為身，亦不知神由氣生，氣自有神。」此即陳式太極拳內功修煉的真訣。

練拳不外乎陰陽二氣，陰陽不明，則不知從何練起。人體腰背為陽，胸腹為陰，督脈行於腰背之中，統領諸陽經；任脈行於胸腹之間，統領諸陰經；故腰背上交則為陽，胸腹下會則為陰。二經下會於會陰穴，上交斷於口齒間，上有舌尖輕抵上腭，下有緊攝穀道而接通。人身任督二脈猶如天地分南北，自然分陰陽。任脈起於會陰穴，上行循腹裡至天突、廉泉穴止；督脈也起於會陰穴，由長強

（尾閭）穴順脊直上，升於頭頂經百會穴進入泥丸宮內至人中止。

如按後天八卦的內五行而論，心屬火，為離宮，屬陽性；腎屬水，為坎宮，屬陰性。如能提坎宮之水上升而澆灌心火，又能降離宮之火下沉而溫潤腎水，久而久之，即可達到水中火起，雪裡開花；兩腎如湯滾，膀胱似火燒，真氣自足而升起，沿任督二脈猶如車輪流滾不停。

陳鑫有云：「四肢若山石，任督如車輪，亡念之發，天機自動。每打一勢輕輕運行，默默停止，惟以意思運行，則水火自然混濁。久之，則水火升降如桔槔之吸水，稻花之凝露，忽然一粒粟米落於黃庭之中，此採鉛家投汞之真秘，打拳到此地，注意不可散功，不可停，一散一停則丹不成矣。」陳式太極拳陰陽交會的要訣正如陳鑫上述言辭。

四、太極拳的陰陽入扶

陳式太極拳所謂的陰陽入扶，是指拳勢中陰陽相互滲透和相互攙扶之意。

陳式太極拳要求，無論是以形導氣，還是以氣導形，其最緊要者，全在陰陽協調平衡有度，及陰陽入扶程式的體現。陳鑫云：「純陰無陽是軟手，純陽無陰是硬手；一陰九陽根頭棍，二陰八陽是散手，三陰七陽猶覺硬，四陰六陽顯好手，惟有五陰並五陽，陰陽無偏稱妙手，妙手一著一太極，空空跡化歸烏有。」可見練太極拳之陰陽，首先注重陰現陽藏。

在其理念的引導下，必須細心推求：明其陽而注其陰，知其前而注其後；明其領而注其催，知其開而注其合；明其運而注其聚，知其出而注其入；明其放而注其捲，知其發而注其蓄。從而加強對陰經、陰勢、陰氣、陰勁，及對柔軟的節段昇華。

鬆柔以後，逐漸向「柔中寓剛」邁進，到「剛柔相濟」階段後，即是陳式太極拳陰陽入扶的功夫層次。

以太極拳中姿勢觀之，分為俯勢和仰勢。

俯　勢：

俯勢雖為陰勢，卻可以入陽氣，同時注重督脈領導諸陽經之氣順脊背直上，氣升於頂，經百會穴進入泥丸宮內稍加停息後下降，隨著鬆肩垂肘、含胸塌腰，氣機經過中丹田（前對膻中穴，後對夾脊關）繼續下沉於腹，由於束肋合腹的動作配合，小腹的關元、中極二穴同步內收納氣（沖震命門），使氣復歸於下丹田之中。內勁要求除頭頂懸外，全身之勁全部鬆入腳底，以助足底之勁上翻傳導。例如，陳式太極拳小架中的「閃通背」一式，氣機三次通背，第一次通背的動作要領就如上所述。

仰　勢：

仰勢雖為陽勢，卻可以入陰氣，同時注重任脈領導諸陰經之氣上升，經頭順脊而下降，由命門而入丹田，構成陰陽倒轉之勢頭。以陳式太極拳大架中「閃通背」一式為例，氣機三次通背時第二次通背的動作。

可見太極拳的陰陽入扶程式是：以背為陽，太俯而曲，則督脈交任脈，過陽而入陰，陽與陰入扶也；以腹為陰，太仰而彎，則任脈交督脈，過陰而入陽，陰與陽入扶

也。因此，在陳式太極拳運動中，要細心體會每一個拳勢中每一動的陰陽入扶程式。

應當引起注意的是：無論是陰扶陽，還是陽扶陰，都要求做到不偏不倚，無過不及，不滯不息，循環無端地運行著。入陽氣時，必須使陰氣扶起，否則，氣機偏重於陽剛，容易導致身體內部氣機死而不活，神氣呆滯；還容易導致肢體與關節僵硬死板，來脈轉關過節不靈，無法做到鬆柔圓活、旋轉自如。入陰氣時，必須使陽氣扶起，否則氣機偏重於陰柔，導致身體內部氣機散而不聚，形體鬆懈而無勁力，毫無掤勁可言，很難形成聚合之勢。

綜上所述，不難看出，陳式太極拳運動中，必須貫穿「陰來陽逆，陽來陰逆；不滯不息，不乖不離」的原則，每練一式，頭頂必須虛虛領起，促使腦後脖頸上佐中氣的兩條大筋放鬆而直豎，保證中氣暢通無阻。同時周身鬆緊有序，領導全身骨節與勁路的運行、轉關、磨合、落點、還原總歸完整一氣，此即陳式太極拳「陰陽入扶」的真義所在。

五、太極拳的剛柔

拳論中云：「太極拳決不可失之綿軟。周身往復，以精神意氣為本，用久自然貫通焉。」又云：「運動如百煉鋼，無堅不摧……極柔軟，然後極堅剛。」為此，太極拳功夫要求拳以柔為本、術以剛為根，動作由慢入手，肢體由鬆入柔，有心練柔，無意成剛，這才是陳式太極拳鍛鍊中「柔過氣，剛落點」的循序漸進的步驟。

陳鑫曾說：「世人不知，皆以（太極拳）為柔術，殊

不知自用功以來，千錘百煉（百煉化身成鐵漢），剛而歸之於柔，柔而造至於剛，剛柔無柔可見。但就其外而觀之，有似乎柔，故以柔名之耳，而豈其然哉？且柔者，對乎剛而言之耳，是藝也，不可謂之柔，亦不可謂之剛，第可名之為太極。太極者，剛柔兼至，而渾於無跡之謂也。其為功也多，故其成也難。」可見，太極拳的練習就是要改變人們平常生活中所養成負重的硬勁習慣，使勁道逐步化僵硬為柔軟。

在這個階段的訓練中，必須注重貫徹以放鬆為根本，以柔化為前提，驅使全身的肌肉、筋腱、網膜（軟組織）、關節、韌帶等各部分在對拉拔長和螺旋纏繞運動中得以鬆活自如地鍛鍊，促使身體的韌性和彈性增強。提高身體的鬆活程度，即是增進太極拳柔勁、內氣和掤勁的必經之路。這個時期堅持的時間愈長久，則愈可使僵硬的拙力摧毀得愈徹底，此時的要求，必須不失綿軟，注陰不注陽，注催不注領，在柔軟之下，向著更有彈性的堅剛驅馳邁進。只有這樣具有極強彈性的剛，才能達到「外操柔軟，內含堅剛」的目的。

陳式太極拳的剛柔變換程度，相對應著精、氣、勁、意、神的隱顯變化。所謂「隱則柔，顯則剛」就是這個道理。隨著功夫精進，氣與勁均可隱藏得極深，外形則顯得極柔軟、極靈活；使人感到好像從剛強又回復到柔軟，其實內在的品質卻更剛強了，最終是柔而見剛，剛而又柔，剛柔相濟的效果。

從另一個角度來講，落點盡處是氣聚血凝止歸之所，因此宜用剛法。運動行氣全憑陰陽扶承，促使氣血暢通循

環流利順達，此時宜用柔法。剛柔變化的原則全在於此，如果純用剛法，則氣鋪周身，牽制不利，不僅耗氣傷神，且全身易出現呆滯狀態，落點時反而不能堅剛勇猛；如果純用柔法，則氣散而不能聚，沒有歸著，落點毫無掤勁。總之，剛柔變化在於掌握陰陽轉化，內氣潛轉，來脈轉關，勁由內換，神氣鼓蕩與內斂的體悟程度，還在於神氣隱顯和肢體動作開合的有機結合，剛柔才能充分表現出來。

由此可見，應剛而柔則氣聚而不聚，應柔而剛則氣運而不運，皆不得剛柔相濟之妙。能善用剛柔者，運勁如風擺楊柳，又似高空行雲，落點堅剛，勇不可當，全在周身之勁盡串一處迸發而出，落點如蜻蜓點水，一沾即起；行氣如風輪旋轉，滾走不停。此即陳式太極拳的「陰陽與剛柔」的要義所在。

第七節　陳式太極拳鬆活彈抖論

「鬆活彈抖」是陳式太極拳的一個專用術語，常常被人們用來形容太極拳的發勁功夫。細究起來，鬆活與彈抖，既是對立統一，又是包含著不同層次與含義的兩個概念。對這兩個概念的理解和認識，也從一定程度上反映了練太極拳者的修為層次。

太極拳名家陳照奎老師曾說：「鬆活與彈抖是陳式太極拳的綜合功力，鬆活是柔化之本，彈抖即發放之根。二者必須細心揣摩，否則，太極拳功夫終難問津。」可見「鬆活」是陳式太極拳基礎與前提功夫，「彈抖」則是體

內之氣勁迸發於外的形體表現。

　　在陳式太極拳練習過程中，鬆活是指放鬆、靈活的入柔程式，以及在推手較技中「引進落空的柔化和觸處成圓」的變化規律。彈抖則是指太極拳「柔過氣、剛落點」時勁力發放的情景。它不但能做到以剛克柔、以剛克硬，而且還能做到以剛克剛。鬆活是彈抖的基本條件，彈抖是鬆活的功夫昇華。所以，注重鬆活與彈抖訓練，是陳式太極拳由鬆入柔、由柔顯活，由活至剛的必經途徑，也是陳式太極拳有意練柔、無心成剛的最佳舉措。

　　「鬆活」與「彈抖」功夫必須經過長期的盤架練習，此間雖無捷徑可走，但仍有一定程式可循。大致說來，可以分為放鬆、靈活（鬆沉）、蓄髮、彈抖四個階段。

一、放鬆階段

　　陳式太極拳運動的一個優勢之處，就是在運動中使肌體得到盡可能充分和完善的休息與調整。它採用鬆、柔、圓、活的運動形式，是保證這一效果的關鍵，而其中放鬆就是首先要注意的。

　　眾所周知，緊張的物體都有一個趨向，即放鬆態勢。尤其對生物體系來說，放鬆、鬆柔更是充滿活力的體現和要求。可以說，鬆柔、輕順的性能越好，身體的生命活力越強，如果能達到初生的嬰兒狀態，可以算得上鬆活之大成（道）。

　　陳式太極拳的放鬆，包括意識放鬆和軀體放鬆兩個內容。意識放鬆是前提和關鍵。用陳鑫的話來說：「心中一

物無所著,一念無所思……平心靜氣,以待其動。」軀體放鬆是意識放鬆的外在表現和反映,動作如風擺楊柳,渾身上下不顯一絲拙力,便是肢體放鬆良好的體現。心理意識能放鬆到什麼程度,則軀體形態的動作就能放鬆到相應的程式;反之,動作的鬆柔圓活熟練協調,同樣能促進心理意識的進一步放鬆。

可見,意識上的放鬆和動作上的放鬆是相輔相成的。同時,放鬆和緊張也是一對相應的概念,心理意識放鬆並不是指大腦意識一片空白,心神呆滯,而是指拋卻生活中一切雜念和煩惱,全神貫注於拳藝的情景之中。軀體放鬆也不是動作上鬆懈和輕浮,而是除了完成規範動作所必須的肌肉收縮力外,其餘部位盡可能放鬆。

其實,放鬆,是人體的一種先天自然狀態,初生嬰兒和頑童時代,周身骨節柔韌,血脈和經絡暢通,肌肉還沒有構成橫氣,也未形成不應有的條件反射和收縮態勢,可以算得上是最放鬆的狀態。隨著成長過程和外界環境的必然接觸,尤其是受重力因素的影響,手臂的屈伸抬舉、手的抓拿提放等等,自然形成需要肌肉收縮產生力量的一系列反射現象。因此,較力、摽勁等橫氣(肌肉用力時的膨脹力)表現,自然存在於生活實踐中。而太極拳則要「返先天」「返童體」又無異於對多年生活經驗、閱歷和拙力方式的徹底革命。

初學太極拳者,大都心理緊張,身體僵硬,動作不能圓活柔順。因此,練拳時必須先從心理入靜著手,排除雜念,意靜神安,並由意念引導身體各部位放鬆,身心坦然。意念由靜入鬆,是陳式太極拳放鬆的關鍵所在。在意

念放鬆的前提下，誘導軀體各部位嚴格按照太極拳的規範要求循規蹈矩地練習。

初學拳時，要求對每個動作手足的方向、角度、位置及其運行路線都要一絲不苟，並且嚴格按照身樁端正、虛領頂勁、鬆肩垂肘、含胸塌腰、束肋合腹、鬆胯圓襠、心氣和橫膈膜同時下降、氣沉丹田等要求，認真推求每招每式和每個動作的每一動務求準確無誤。

陳式太極拳講究「貴用意，尚行氣，戒用力」。心理鬆靜無為，意念專注於拳術之中，動作由慢入手，熟練後能快，快而復慢，快慢相間。動似風擺楊柳，輕似高空行雲，渾身不顯一絲一毫拙力僵勁，肢體鬆而不懈、不空、不飄、不浮。所用力量僅能抬起手臂即可，使兩臂像掛在肩上一樣，肩部同時要有鬆沉脫掉之感，正如拳論所講：「出手脫肩裡合肘，兩手扶助似水流。」即此意也。

初學者在盤架訓練中，注意架子不要放得太低。

其一架子太低會導致腿部承受負荷增大，上肢容易不由自主地增加僵硬之勁來減輕腿部的負重能力，不利於周身放鬆；

其二，架子太低會導致腰腿轉換不靈，也很難調整襠勁的到位程度，還易犯蕩襠之弊病，腰勁很難做到向下鬆串，更談不上使勁力注入足底；

其三，架子太低，套路動作很難做到平整（功夫深厚方能自如做到），動作忽高忽低，又易犯鑽頂之弊病，是陳式太極拳練習之大忌；

其四，由於上述之忌，周身不能放鬆，尤其是上肢用力過大，則會導致氣機留滯於胸肩之內，形成橫氣填胸，

氣勁堵阻不能順達，更談不上氣沉丹田和腰勁鬆串腳底。

為此，要求盤架訓練過程中，在放鬆的原則下，架子高低要根據自身的身體素質、體力情況和現有的功夫層次而確定。尤其是初學者，架子必須在適當高度的前提下進行練習。同時，手臂能展儘量開展（在不失鬆肩垂肘的原則下），步伐能大則大，虛實比例也必須在大開大合中轉換，以利於加強襠勁的調整能力，促使全身各部位在對拉拔長中得以放鬆鍛鍊。

一般來講，往往感受到的東西我們不一定能深刻理解，而理解了的東西我們則可以更深刻地感受。能在練拳盤架中理解和掌握放鬆狀態，才能更深刻地體悟到陳式太極拳「鬆活」的無限妙處。

對初學者來說，在明師的引導薰陶下，再經本人細心揣摩，由心理意識和拳勢動作反覆不斷的強化放鬆訓練即可基本上瞭解和掌握太極拳放鬆的方式和方法，才算得上入門功夫，而後循規蹈矩，刻苦訓練，才有望登堂入室。

二、靈活階段

動於靜之內，靜於動之中。陳式太極拳要求身雖動，意貴靜，神斂則氣順，心靜而體鬆。鬆則容易入柔，柔才能體現靈活——這是太極拳「鬆、活」的要義所在，放鬆柔活是充滿活力的體現和要求。

靈活，是指在由鬆入柔的訓練過程中注重加強纏絲勁的練習，促使肢體在纏繞中得以放鬆靈活地鍛鍊。纏絲勁要求意、氣、勁、形四者合為一體，是內氣潛轉收放同肢

體螺旋纏繞屈伸進退的有機結合。

　　一般學者在這一階段，體內氣息尚未充盈，所以，在腰勁的統領下，重視雙肩和雙胯部位的畫弧轉圈和螺旋運動，驅使四肢屈伸往來地纏繞旋轉。陳式太極拳中的每招每式的每一動俱要求以身行氣，以氣運身，以身運手，手領身轉，足從手運，步隨身換。最緊要者，手、眼、身、法、步必須融會一體，旋轉一致，漸悟纏絲勁的要領（參見第五節「陳式太極拳纏絲勁析論」）。

　　此時行功練拳，感覺大不同前，自覺招招式式以中氣潛轉為中心，腰為主宰，引動腎氣滾動，兩腰隙同步旋轉互相傳遞，驅使體內之勁出入而有序，各領半身轉動，在其帶動下同時注重做到「手與足合，肘與膝合，肩與胯合」（參見拙著《陳式太極拳精義》中的「外三合」），一合周身上下無處不合。同時，要求在腰勁的統領下，驅使頸、脊、腰、肩、胯、肘、膝、腕、踝等關節，接骨斗榫，對拉拔長，鬆柔旋轉，節節貫串，互相傳遞，引導身體內部氣機收放運轉暢通無阻，從而使關節運動幅度增大，靈活性提高，穩定性加強，全身肌肉鬆弛收縮高度協調統一，增強肌肉、筋腱、網膜（軟組織）、骨節的伸縮和旋轉機能及彈性和韌性，細心推求來脈轉關趨勢，確保其轉關要真。

　　在此階段的訓練過程中，要注陰不注陽，注後不注前，注催不注領，注合不注開，注入不注出。尤其是要注意轉關過節處，轉關必須折疊轉換，此處最容易出現棱角，所以要特別存心留意，轉關過節時需要慢而鬆、柔而活。這是太極拳最容易顯方之處，也是接骨斗榫的關鍵所在。

在訓練過程中，此處會發出一種響聲，陳式太極拳稱它為骨鳴現象，又稱它為筋骨齊鳴。這種響聲開始微小，逐漸由小變大，尤其是肩、胯關節表現為最。雖說這是陳式太極拳修煉的必經之路，說明此時關節放鬆程度還不夠理想，關節在旋轉運動時多少還存在著用力現象，旋轉也不圓活，還有棱角出現，導致關節腔內摩擦力所致。所以拳論中有：「勿使有缺陷處，勿使有凸凹處，勿使有斷續處。」為此，應當在放鬆的基礎上繼續磨鍊，促使旋轉之圈逐步練圓。隨著功夫增進，骨鳴聲則會由強變弱，再由弱變無，肢體則會出現一種明顯的活順靈敏之趣味。正如拳諺所云：「要想練好拳，首先圈練圓。」

透過螺旋纏絲的訓練，將太極拳的鬆柔與輕靈積於一身，化掉了一切後天所養出來的拙力和僵勁習慣，化生出返還先天的柔韌性與靈活性極強的旋轉能力。尤其是由身體的內旋外轉，五臟六腑同時得以摩蕩，輔助腎氣出入有序地互相旋轉傳遞，使身體內部氣息得到轉機，引導周身上下呈現出一片輕靈而沉穩的景象。與此同時，由注重內三合，即筋與骨合、氣與勁合、心與意合的鍛鍊，身體內部氣機團聚力和潛轉能力增強，逐步達到上虛、下實、中間靈的境界。

透過鬆活訓練，練習者可以逐步掌握內氣潛轉，勁由內換的規律，而持續地注重鬆、沉、靈、活地練習，則是陳式太極拳培養內氣團聚力的主要手段，在這過程中要不斷細心體會和揣摩「太極中分一氣旋」的理與法及情和景。

在完整的太極拳圓圈之中，輾轉虛實須留意，使每個動作在承上啟下之處要慢、輕、柔、緩、均，求得圓活無

阻，慢而不滯，快而不亂，輕而不浮，沉而不僵，體中內氣和內勁活潑而自然，騰然而有序。其勁隱藏於體內，發於心神，內入骨縫循經走脈，外達肌膚纏繞運行。體內以中氣潛轉為軸線，帶動骨節、網膜傳遞旋轉，肌肉、筋腱折疊貫串與纏繞。由於清氣上升、濁氣下降，使陰陽開合之機、消息盈虛之數皆寓於心腹之內。

鬆於活之內，活於鬆之中，鬆活而沉穩，既是陳式太極拳內氣潛轉與肢體外形纏繞的有機結合，又是有心練柔、無意成剛的最佳措施。此外，鬆活還要有階段層次區別地劃分，每個層次對鬆活的要求也不同。總的來講，要在懂勁的基礎上，鬆而不懈不空，沉而不滯不僵，輕而不浮不飄，這才是陳式太極拳鬆活的要求所在。

三、蓄發階段

欲練彈抖，先練蓄發。所謂蓄發是指陳式太極拳運動在訓練柔過氣、剛落點的過程中，練氣而化勁，聚柔而剛發在外形的表現。但內氣是催動外形的主要動力，因此加強內氣充盈的培養練習，則是初學「蓄發」的必修之路。

拳論云：「蓄而後發……蓄勁如開弓，發勁如放箭。」在蓄勁的練習過程中，首先要講究讓勁道蓄得住，蓄得足，要求肢體具備五弓（身軀和四肢）之能，蓄而後發。但是，要注意做到腰弓（身軀）為主體，其餘四弓為輔佐，五弓之勁合為一體，以腰為主而互相傳遞，開合有序，鬆緊得當。

太極拳在蓄勁訓練時，由拳勢中的「虛領頂勁、鬆肩

垂肘、含胸塌腰、束肋合腹、鬆胯圓襠」使周身構成負陰抱陽之態勢，猶如開弓滿盈，促使肢體做功距離加大，並且加強其彈性的儲備能力。同時，要求周身之氣聚集於丹田之中，只待勃發之機，其勁具有一觸即發之勢。此外，勁力除虛領頂勁外，要求周身之勁全部向下鬆串，注入腳底，植地生根（周身之勁向下鬆串越多，足底的反作用力就越強），以助足底之勁上翻傳導，身體的重心在蓄勁時要偏於後腿（左右），以便於轉換調整。蓄勁總的要求是：上肢虛攏，下盤穩固，中間鬆沉而靈活。

陳式太極拳在發勁時，要求在勁力蓄住的前提下，能使體內之勁發放出體外，如滿盈弓之箭脫離弦扣，有中的入內之能效。其關鍵在於「撐腰、扣襠、鬆胯、泛臀、雙腿裡纏、雙足內旋、前腳把、後腿蹬」總歸完成一氣。其中，腰的旋轉是主要動力來源，雙肩窩（雲門穴）內氣機潛轉，互相傳遞，形成通背勁；腰鬆而活，肩順（放鬆）而脫，勁力要求一吐即收，形體要求一抖即鬆。

重心要求發在前（腿）鬆至後（腿），四六分成，尤其在發勁的一瞬間，注意要有勁力從肢體某一部分鬆抖出來的感覺，決不可產生絲毫的努勁用力的現象。如其不然，氣與勁在體內會產生滯呆之意，聚積在體內得不到完全運用與發揮，則會導致發勁時頭和身體出現一種不應有的震動之狀態，這是勁力沒有發出去在體內憋屈所致。如有此現象，輕則頭暈目眩，樁根不穩，重者鼻口竄血，要引起學者高度重視。

若要打（發）對稱勁，要求雙手臂之勁相連而傳遞，並出入有序，雙肩鬆開似脫，而又相吸相繫，相對相逆，

其身法要求旋轉之中平衡而穩健，主賓得當，陰陽扶承，虛實兼備。

特別應當注意的是在蓄發勢當中，不要蓄勢過低，一旦發勁身體反而高了起來，這不但易犯鑽頂之弊病，而且會導致橫氣填胸、勁散而不能聚和樁根不穩等缺點。學者不可不知。

為此，要求蓄與發之勢，身體必須保持平整，同時要求在形體上注後不注前，注催不注領，領勁自然；在內勁方面要求注入不注出，注陰不注陽，出勁自然。尤其是在發勁剛落點的一瞬間，要求雙腳如釘在地面上一樣，後腳跟決不能離地和挪位，否則，勁力很難做到起於腳跟、行於腿，勁散不聚，發而不整。練習者必須謹記。

此外，勁力發放出體外後，身體有一種自然還原之能量，猶如弓箭分離之後弓弦得以還原之狀。所以在發勁訓練過程中要細心體會，以求蓄發連續，不可中斷。同時，要求做到勁斷意不斷，意斷神可接。猶如槍膛內發出了第一顆子彈後，第二顆子彈則自動上膛的感覺，可見，發勁落點後還得需要蓄勁還原，如不及時還原，勁散而不聚，不能做到連續發勁的效果。

為此，必須明其聚（蓄），適其發，貴其連，尚其速，神其用，方能得竅。發勁「剛落點」的要求是「疾、猛、準、狠」。運動如蜻蜓點水，一沾即起，動作宜出手如點炮，回手似火燒，它要求動短、意遠、力促、勁長、氣足、疾速、剛猛。如拳諺云：「遠打一丈不為難，近發貴在一寸間。」即「寸勁」也。

四、彈抖階段

　　既明蓄發，再論彈抖。所謂彈抖功夫，是指陳式太極拳發勁過程中的高級爆發力而言，它是太極拳內功的結晶及化發功夫的昇華。

　　拳譜中云：「氣未動兮，心先動；心既動兮，氣即沖。心動一如炮加火，氣動好似弩離弓。學者若會混元氣，哪怕他人有全功！」在蓄勁的訓練過程中，猶如炮捲硝石，捲得愈實愈緊，爆發的力量就會愈強，威力愈大。所以，培養混元一氣，用於心意一動，全身之勁力集中在肢體的某一點迸發而出，即是陳式太極拳彈抖功夫的要義所現。

　　既明道理，再論法則。細心推求，所謂「彈抖勁」，又可分彈是彈勁，抖是抖勁。「彈勁」是指身體內部所團聚的混元之氣，隨著心意一動，驅使形體在一鬆一緊的陰陽開合中，生出一種韌性極佳、彈性極強的掤勁來，猶如彈簧的彈勁和回彈之力，又像充足了氣的輪胎，利用自身的彈力，在有形不見形的條件反射下，產生自身的反作用力，在受力越重反作用力越強的基礎上，蓄勁不動聲色，驚乍難察徵兆，具有迅雷不及掩耳之勢，河南方言稱此為「繃勁」，即彈勁也。

　　「彈勁」，河南方言又稱為「圪顫勁」，猶如人在受到寒冷侵襲和驚嚇時表現出渾身顫抖之勁，都屬於圪顫勁之形態。正如拳論所講：「莫道點氣（即彈抖勁）零零星，需要全神運在中，如夢裡著驚，如悟道忽醒，如皮膚無意燃火星，如寒侵腠理打戰慄，如漫天雲裡閃電蹤，想

情景疾、快、猛。」其勁即人生先天之本能，沒有練習過太極拳者，在充分的條件反射下也能激發產生，但只能象形而不能用於實戰。

太極拳功夫深厚者，由於氣息能在身體之內上下凝合，團聚於中宮之內，由氣聚而精凝，精凝而神會，神會則自然由內達外，混元貫通，周身無處不堅。初級混元氣階段可具有排打功之能效，勤學苦練，功積日久，在推手較技中即可達到「身挨何處何處擊」的妙境。

「抖勁」，河南方言稱之為「抖擻勁」，所謂「抖擻勁」，其勁又包含兩個內容，即抖勁與擻勁。抖勁是在周身外形放鬆的基礎上，形與勁一起聚合蓄住勁，利用腰撐與腿蹬及手臂的屈伸，把身體內部的勁力，猶如拋物一樣使勁抖出體外，如箭中的，即是抖勁。

擻勁也是抖勁的範疇，它動作起來具有來回往返之意，所以陳式太極拳又稱它為「來回勁」，尤其是推手較技中更為多見，在技擊中為了要實現聲東擊西或者避實擊虛的連鎖反應，採用其「來回勁」驚散對手來勁及驚晃對手的樁根和引空敵手。

其勁，動作宜欲左先右，欲上先下，欲前先後，欲重先輕，欲實先虛，欲擒故縱，反之亦然。其勁因為異方位或者折疊運行，基本上可以說是兩個勁合在一起使用，從方位、角度上來看，具有來回象形之意，所以稱它為「來回勁」。兩勁雖然方向各自不同，但在運用中要求二勁歸一，一氣呵成。

綜上所述不難看出，彈與抖既有共性，又有個性。彈勁與抖勁都具備著把身體內部氣化之勁，彈抖出體外「中

的」的特色，所以從理論上有「彈即是抖，抖即是彈」的說法；但是在外形表現形式上，又有抖勁的特殊性，因此也有「彈是彈、抖是抖」的說法。

另外，從推手較技角度來看，「驚、顫、彈、抖」互為作用，互為轉換，相輔相成，彈抖參半，陰陽扶助，虛實兼備，也可以稱「彈中有抖，抖中有彈，彈抖互變，彈抖並用」。有些人稱此勁為「靈空勁」，也是很有見地的。所以，拳論中有「貴在驚彈走螺旋」之句，一語道出了彈抖勁的奧秘。

第八節　陳式太極拳盤架和推手較技論

一、陳式太極拳盤架與推手較技

陳式太極拳功夫體系可以概括為兩大部分——太極拳盤架與推手較技。前輩太極拳家常以「走（盤）架即是打手（推手和散手），打手即是走架」及「無人（盤架時）當有人，有人（推手較技時）當無人」等一元論觀點，非常精確地闡明了盤架功夫和推手較技關係是相輔相成的，指出了陳式太極拳的精湛技藝，是由長期艱苦「盤架」與「推手較技」相結合的磨煉才能獲得的，單求其一，太極拳功夫總難問津。

太極拳盤架修煉時，講究皮毛要攻（豎），筋骨要鬆（對拉拔長，接骨斗榫），節節貫串，虛靈在中，練得內

勁充沛，一身虛靈，由招熟而漸悟懂勁（知己功夫），這是太極拳推手較技的前提和基礎，同樣，在盤架熟練懂勁的基礎上，加強推手較技練習，只要方法得當，不僅可以加深對拳架體用內涵的理解，做到學以致用，在敵對雙方互聽消息盈虛陰陽轉換的同時，善於利用自身勁路優勢，引誘敵方失機失勢（知彼功夫）；另外，推手較技練習還可以起到活動筋骨、互相按摩等強身健體、娛樂交流和益壽延年的效果。經過練習，熟能生巧，巧能生妙，妙能生神，漸悟懂勁而階及神明。由此可見，一個太極拳家盤架水準與其推手較技功夫在層次上基本是一致的，歷史上沒有不精於盤架的太極拳推手較技大師，也沒有不善於太極拳推手較技的太極拳家。歷代太極拳名（明）家都既有精妙入微的太極拳架演練功夫，更有著高深莫測、出神入化的太極拳推手較技技巧，他們由深厚功力所表現的神韻氣質和剛柔相濟的效果，不僅是雄厚功力的發揮和體現，同時也是高度藝術境界的昇華。

太極拳盤架訓練過程中，始終要求保持立身中正、虛領頂勁、鬆肩垂肘、含胸塌腰、束肋合腹、雙胯掙衡、前捲裡合、鬆胯圓襠、雙腿裡纏、十趾抓地（單腳踏地除外）、雙腳旋轉、開膝合髖、心氣與橫膈膜同步沉降、氣沉丹田等。在腰勁旋轉的主導下，應從鬆開關節為著眼點，使其骨和關節在旋轉運動中做到開合生變，運聚成圓，圓則鬆活，活方氣斂（收斂入骨）。鬆活而沉穩，是太極拳內氣潛轉與肢體外形纏繞的有機結合，也是有心練柔、無心成剛的最有效方法，功積力久，鬆活彈抖，化發隨意，剛柔適中，威力無窮。

　　陳式太極拳推手較技，是太極拳套路中所彙聚的擊、打、摔、拿、彈、抖、化、跌諸法的綜合運用，是一種激烈而放鬆的對抗性運動，從另一個角度來講，也就是太極拳術中「八門」「五步」的隨勢運用，臨場發揮。

　　「八門」是指太極拳中「掤、捋、擠、按、採、挒、肘、靠」八門勁別而言，主要講的是身法與手法。「五步」是指太極拳術中「前進、後退、左顧、右盼、中定」等五種動步換位方法（參閱第四節「陳式太極拳步法論」）。步法可以彌補身體長度之不足，身法可以補救手出（界）方圓圈之危。拳諺有云：「手不夠（長度），身來湊，身不夠（長度），步來就。」即是此意。言身法、步法自在其中，步法千變萬化，「中定」原則不丟，有人將「中定」理解為心法，意即心定意安，從容應敵，也是很有見解的。

　　陳式太極拳推手較技分為「四正手法」和「四隅手法」之別，其中「掤、捋、擠、按」四正勁稱之「四正手法」，是太極拳推手較技中的基本手法，也是主攻手法。它的運動軌跡為：逢掤必捋（圖8-1），遇捋必擠（圖8-2），遇擠必按（圖8-3），遇按即掤（圖8-4）。反覆往來，循環無端，功無間斷，圈自轉圓。此外，「採、挒、肘、靠」四斜勁稱之「四隅手法」，雖是四正手法的輔助手段，往往可以出奇制勝。

　　在太極拳「八門」勁別裡，「掤」勁是第一位的，它是長期盤架磨鍊中生變出來的，是一種具有剛柔相濟的纏絲勁（參閱第五節「陳式太極拳纏絲勁析論」），此勁在於氣由精生，勁由氣化，勁與神合，潛藏於丹田深處，變

圖8-1

圖8-2

圖8-3

圖8-4

化於瞬息無形之間，不使用時，浩然長存，靜若處子，一旦運用，抖然勃發，神形並茂，隨心所欲。為此，掤勁用於進攻時，有揮之使去，其不得不去之威勢；用於防守時，有引之沾起，其不得不起之妙用。推手較技中做到粘

黏連隨，也就是「掤勁」不丟，所以說「掤勁」品質是衡量太極拳習練者功力的砝碼。

太極拳推手較技戰略上主張以靜制動，以逸待勞，也善於利用自身優勢，在得機得勢之際毫不遲疑地以動制動，根據對方來勁，急來則急應，緩來則緩隨。戰術上更是講究太極拳架中擊、拿、化、發、跌等諸法的綜合運用。多以掤、捋、擠、按四正勁為主要方法，以採、挒、肘、靠為出奇制勝之法則，結合前進、後退、左顧、右盼、中定等靈活動步換位，應用沾（粘）、遊（鬥）、連（續）、隨（不丟）、騰（挪）、閃（展）、折（疊）、空（虛）、活（順），促使引進落空合即出，無不出於自然。其中講究：逆來順受，隨人所動，捨己從人，不欠不貪，我守我疆，隨機應變，力點變化，觸處成圓，以柔克剛，以剛克剛，逢頂抖引，遇懈即發，以及要求意自心生，招隨意發，隨曲就伸，靜中猶動，動中猶靜，以不變應萬變等。

太極拳推手較技的問世，解決了技擊實習的場地和護具問題，隨時隨地都可以雙人搭手練習，為中國武術技擊運動注入了新鮮的血液。如今，社會上還保留的推手較技練習方法有：單推手、雙手立圓推手、挽花、合步四正手、順步四正手（進一退一）、大捋大靠、單人活步、雙進鴛鴦步、進三退三、進五退五、亂採花、花腳步等。

太極拳練得周身一家，節節貫串，鬆靜自然，再經過推手較技方法的放鬆而嚴格訓練，方能求得推手較技中的粘黏連隨、逆來順受、隨人所動、觸處成圓，「化」勁巧妙，引勁不被人知。運化中有「主在肩、次在胸、主宰於

腰」之說。腰是人身運動之主宰，又是上下體之樞紐所在，不僅是自身化勁的主宰，而且破壞敵方腰勁轉換不靈，使之身法與步法渙散，亦是較技中的上策。所以，推手較技中串死敵方的肩和腰脊，使其勁不能變化或轉換不靈，則是「拿」與「發」的著眼點。

推手較技技巧用於實戰的目的無非是以弱勝強，慢能勝快，克敵制勝，人們常用「四兩撥千斤」來形容太極拳的技擊精妙，然而能真正做到「四兩撥千斤」絕非易事，前提條件是力點變化得當，隨人所動，捨己從人，沒有上乘的功夫怎能「捨己」，又怎能「從人」。

功夫深厚者一旦與人搭手，視打手如走架子，有人當無人，首先立身中正沉穩，但意在敵先，「彼挨我皮毛，吾之意已入彼骨裡」。這樣，自身穩固，得機得勢，任敵變化神奇，皆能隨其所動，觸處成圓，節節貫串，粘黏不丟，始終在輕靈、敏感的狀態下，權衡彼來勁之長短、方向，無毫髮分厘之差，並且總能掌握微妙的時機和極細微的分寸，取敵背勢，順勢借力，引進落空合即出，從而達到隨手奏效之境界，說是從人，仍是由己。

太極拳功夫，需要長久的時間磨鍊，有忠於太極拳者，只要能充分領悟拳理，再結合行之有效的訓練方法，精心苦修苦練，功夫指日可待。

二、陳式太極拳推手較技「靠、依、蓄、發、頂、空」談

陳式太極拳推手較技，原稱「靠手」「搨手」或「打

手」。

數百年來，以其迎接勁中須纏繞，纏住敵勁能粘黏的推手較技運動方法，多以纏繞黏隨、勁由內換為中心內容，鍛鍊皮膚觸覺的靈敏和肢體的反應能力，以及關節、韌帶在對拉拔長中的旋轉能動性。表現出來的「粘黏連隨，捨己從人，持巧不持力，引進落空，四兩撥千斤」等技擊特色，在中華武壇獨放異彩。現就推手較技中「靠、依、發、頂、空」問題略述拙見，以殤同道。

（一）「諸靠」與「皆依」

陳王廷《拳經總歌》云：「縱放屈伸人莫知，諸靠纏繞我皆依。」一句話道盡了推手較技高妙境界的理與法、情與景。

「縱放屈伸人莫知」言拳已達到「人不知我，我獨知人」之妙境，彷彿神乎其神，不可捉摸，然而，如能捨己從人、逆來順受、不欠不貪、隨人所動，在諸靠纏繞粘黏連隨中討得太極拳的「虛盈消息」「陰陽轉換」，抓住時機，認準落點，縱、放、屈、伸於迅雷不及掩耳之間，常人又豈能知覺。所以，用「諸靠纏繞我皆依」來總結「人莫知」，在有一定太極拳素養者聽來，確實理法豁然，似神明而又真切！

「諸靠」顧名思義即各種靠法，是太極拳術中「八門五步」功夫的統稱。「八門五步」俗指太極拳運動中的「身法」「手法」與「步法」，均可歸為「靠」。

具體而言，搭手較技雙方肢體相接、相依之處都可稱之為「靠」。一般常見的「靠」有手靠、腕靠、肘靠、肩

靠、臂靠、胸靠、背靠、肚靠、胯靠、膝靠、踝靠、腳靠。其中肩靠又分為前肩靠（又叫迎門靠）、側肩靠、背折靠、七寸靠等等。神明階段，周身渾然一體，內氣充盈、極其虛靈，陰陽入扶，鬆緊得當，剛柔適中，舉措咸宜。身挨何處即以何處擊，則渾然無處不為「靠」。

太極拳，纏法也。「纏繞」即指太極拳運動中各種纏絲法門的總稱。細分起來無非是「進纏、退纏、左纏、右纏、上纏、下纏、裡纏、外纏、大纏、小纏、順纏、逆纏、正纏、斜纏、豎纏、平纏」等諸般纏法。纏繞中產生的纏絲勁功夫（亦稱「麻花勁」）是太極拳運動中的靈魂。陳鑫有云：「吾讀諸子太極圓圖，而悟打太極拳，須明纏絲精（勁）。纏絲者，運中氣之法門也，不明此即不明拳。」由此可見，「纏絲勁」則是「中氣」潛轉達於肌膚纏繞運行的外觀體現（參閱第五節「陳式太極拳纏絲勁析論」），也是「以形導氣，以氣導形」的必然途徑。

為此，以中氣潛轉為軸線，形體運動走螺旋，而中氣則是「纏絲勁」的主宰，又是以心運氣、以氣運身的動力所在。所以正確理解、把握、運用「中氣」的凝聚與潛轉，則是練好太極拳和推手較技的必備條件。

推手較技雙方，就是在即引即纏、即進即纏的粘黏纏繞中，以粘黏連隨、不丟不頂為基礎，運用纏絲勁功夫，互聽消息盈虛，伺機而靠，克敵制勝。

「諸靠纏繞我皆依」。可以說，諸靠始終在依隨纏繞中運行，是陳式太極拳推手較技的根本特徵，纏繞中要做到不丟不頂，觸處成圓，逆來順受，只有時時、處處「我皆依」。

「依」是隨人所動，力點變化，捨己從人，逆來順受。這就是說，在「占住中定，我守我疆」的前提下，人走一分，我隨一分，隨曲就伸，不貪不欠，無過不及。而絕不是毫無原則、甚至不顧自身安危斜正的一味盲從，如果一味求「依」，則易失中心。往往只能一「依」，不能再「依」，更談不上「皆依」，而造成不能制人，反而被人所制的後果。只能在「依」中求「不依」，方能在「不依」中做到「我皆依」。

太極拳推手較技中，對方來勁攻我，承其來勢，來脈轉關，隨其所動，占住中定，氣聚軸腕，機關在腰，力達四梢，以腰為主宰，利用胸腰折疊運化旋轉，觸處成圓，力點變化，即引即纏，即隨即纏，即纏即進，牽動四兩撥千斤。「牽」「撥」之中，主體成分也是「依」。但依隨之中，更重要的是充分發揮我之主觀能動性，權衡對方來勁的大小、方向、長短、速度，動急則急應，動緩則緩隨，因勢利導，在不讓對方察覺我意的前提下，轉換其力點的變化方向等，引進落空，乘其舊勁已去，新勁未生之機，「諸靠」隨勢而用，一發見功。成功的關鍵之處在於不依對方來勢的力點轉換後引進落空。由此不難看出，整個過程中起引導作用的乃是「依」中求「不依」，這就是雖說從人仍是由己的妙境。

但「不依」方案的制定、措施的實行所需要的資訊、原料皆在粘黏連隨、隨人所動的「依」中求得的，沒有「依」就談不上「不依」，一味求「不依」，易犯「頂、較力」之病，同樣為太極拳原則所不允許。只有做到「依」和「不依」的辯證統一，才真正符合太極拳推手較技矛盾運動的實

質，才能真正達到「縱放屈伸人莫知」的境界。

（二）「蓄勁」與「發放」

「發放」是將對方騰空擲放出去或使對方失去平衡而跌出，是陳式太極拳推手較技中最重要的技法。太極拳注重不擊則已，一擊中的。擊法隨勢而拿，拿法隨勢而發，千變萬化層出不窮，驚、戰、彈、抖威不可擋。尤其是推手較技中的拿法，不僅只限於反骨與抓筋拿脈，而且還側重於拿住對方的勁路，這要比一般拿法巧妙得多，難度也大，只有功力高深的人才能做到。

為此，從人體骨骼和力學原理上看，能串死對方腰脊、牽動人體重心的最有效部位是肩部，故武術上有「金肩」「銀胸」「稀拉肚」之說。推手較技中「拿」與「發」多是找「梢節」，制「中節」，串死「根節」，不管是快勁慢勁，多能事半功倍，一發奏效。

欲求發放，先明蓄勁。拳論曰：「蓄勁如開弓，發勁如放箭，蓄而後發。」因而，要求蓄勁過程中，首先將周身之勁蓄得住，蓄得足。又要肢體具備五張弓之能，蓄而後發。但是，必須做到以腰弓為主，其餘四弓為輔，並且還需要五弓之勁合為一體，陰陽轉換，鬆緊得當。所以在蓄勁訓練過程中，要將周身之氣聚集於丹田之內，體內之勁除頂頭懸外全部鬆至腳底，以助腳底之勁上翻傳導。

拳論有云：「擎開彼勁借彼力，引到身前勁始蓄，鬆開我勁勿弛屈，放時腰腿認端的。」由此可見，蓄髮時要細心體悟揣摩，以求得引而始蓄、蓄而後發，蓄發連續，不可斷勁。在此原則指引下，必須明其聚，貴其速，神其

用，適其發，方能運用得當（參閱第七節「陳式太極拳鬆活彈抖論」）。

（三）「頂牛」與「引空」

太極拳推手較技是持巧不持力的運動，可是在太極拳推手較技訓練和比賽中，雙方經常出現「頂牛」現象，按理說是不正常的，但在現實狀況下卻又是難免的。

太極拳推手較技之精義在於「捨己從人」「觸處成圓」，但實際上初學推手中常易犯「頂、匾、丟、抗」之病，關於此四病，前人早有論述，「頂」者，出頭之謂也；「匾」者，不及之謂也；「丟」者，脫離之謂也；「抗」者，太過之謂也。初學推手較技者不可不知，更不可不去掉此病，所難者粘黏連隨，而不許丟、頂、匾、抗，並非易事！

常言道：「一力降十會，四兩撥千斤。」「頂牛」的出現不外乎兩種情況：

一是運動員盤架和推手較技時間短，功底不紮實，腰腿運化不靈，有的甚至連基本的技巧也未能熟練掌握，全憑體力勝人一籌，一經搭手，不懂走圈畫圓，只有用拙力拼較，根本不講巧勁，也無巧可講，自然一推必「頂」。

二是參賽雙方運動員水準相當，互相之間都奈何不得對方，又運化不了，加上受比賽規則限制，不能或不敢大膽運用平素所訓練的其他技法，為了不被推出圈和避免犯規，也只有用頂勁頂住，造成「頂牛」現象。

所以，只經短期訓練，水準不高的運動員進行推手較技，出現「頂牛」是常有的，也是難免的。

太極拳推手較技講究一個「巧」字，原則上是「我守我疆，隨人所動，觸處成圓，利用力點變化，引進落空，鬆活彈抖」。由此看來，推手較技中出現任何違背上述原則的現象，如頂牛、較力、丟、匾、抗、失中等，都是不符合太極拳理法的，都屬於不正常現象。

從「引進落空合即出，牽動四兩撥千斤」兩句經典拳論中可以看出，「撥千斤」與「合即出」皆言發放之妙，但其前提是「引空」與「牽動」。太極拳較技講究的是「引空」，要引得越徹底越乾淨越好，使對方來勁落空徹底如臨深淵，有魂飛魄散心驚膽顫之感。「牽」字本身主導在於領、引，牽動說白了就是引動或領動，只要牽得得體，引得恰當，領得巧妙，發落點對，即可成功。

推手較技中如能做到接其對方之勁，達於自身的力點變化，觸處成圓，粘黏連隨，逢頂引抖，晃散對方合勁，鬆柔圓活首先要將對方來勁引透，才能引空對方。空的表現可歸納為身空、勁空、意空，身勁意俱空。在對方是四種被空的表現，在己是鬆、活、彈、抖（參閱第七節「陳式太極拳鬆活彈抖論」）四種不同功夫層次的體現。

1. 身　空：

即是承彼來勢，順勢借力，進之愈長，退之愈促，仰之彌高，俯之彌深，運用跌法技巧使對方失機失勢，身手皆空，毫無憑藉，重心偏移而失勢跌倒，所以拳諺有「不懂跌法，妄徒勞」之句。另外，引空彼勁借彼力，利用手腳並用上下合勁，使對方倒地，即摔法也。

2. 勁　空：

接對方來勁，運用虛實轉換，力點變化，觸處成圓，

在我方的旋轉運動中，使對方進擊之勁落空。陳鑫云：「虛攏詐誘只為一轉。」即此意也。

3. 意　空：

也就是「心空」，是一種較高層次的空勁，運用驚、戰、彈、抖之法，意露神顯，微微一引，即可使對方心虛膽寒，又能使對方騰空飛起或有如臨深淵之畏感，使其身未動心已虛，神氣失盡，被動挨打。

4. 身勁意俱空：

功夫深厚者引人，形神並茂，圈小，圈微，甚至無圈（有圈意而無圈形，即有圈不見圈）之變，可使對方的身、勁、意（心）皆空，魂飛魄散，任其發落。

先師陳照奎、恩師馮志強與人推手較技引進時，微微一轉，即可使人身、勁、意皆空，心虛膽寒，進不敢進，退不能退，化勁、合勁、發放時更是鬆淨自然，驚乍、彈抖出來的勁，有迅雷不及掩耳之勢，仍莫名其妙，心有餘悸！

以上談的是「空」的體，還有一個「空」的度的問題。太極拳較技尚意、尚巧，而不尚力。只要能使對方目的落空，引其來勁，使其翻騰跌出算空，身微失勢算空，身不空而意空也算空。總的來說，只要有空之意，空一點就是空，只要能掌握好發放的時機，趁其空虛之勢，看準落點，一發奏效，並且空得越靈越巧，發放就越促越妙，又何需「頂牛」。

第二部分

技法篇

第九節　陳式太極拳功夫架第二路簡介

　　陳式太極拳功夫架第二路，即太極拳第二趟架子，俗稱「二套」，原始名「炮捶」。採取「炮」字命名拳架，則是前人用心良苦，世代傳承，唯恐失真。顧名思義，以「炮」為名，明確告知後來習練者，始終不可忘記在理解蓄發訓練的同時，必須按照「炮」的象形原理，促使身體蓄發運動意象，猶如炮捲硝石，捲（蓄）得愈實愈緊，爆發的力量就會愈強，威力就會愈大。

　　從另一個角度來講，如能在第一路功夫架（快慢相間訓練方法）的基礎上，繼續以纏絲勁為主要動力，運用勁由內換作為中心內容，嚴格遵照拳、掌由心發的運動法則，增強對柔過氣剛落點的艱苦磨鍊，即是促進彈簧勁鍛鍊的重要環節。

　　陳式太極拳功夫架第二路，動作複雜，難度較大，要求疾速敏捷，圈小緊湊，剛多柔少，發勁頻繁，內勁充沛，勁足完整。用勁多以採挒肘靠四隅勁為主要手法，以掤捋擠按四正手為輔助手段。動作力求迅速、堅剛、活順、連貫，輕靈而沉穩，注重彈抖勁的鍛鍊。套路中還有「竄蹦跳躍，閃展騰挪」的高難度動作，並具有快速、剛健、連續、跳躍、靈活、鬆沉、敏捷和快慢相間的特色，對增強身體素質、耐力、能量、元氣、內勁、氣質、神韻，以及丹田的凝聚力和勃發能力具有極大益處。

　　從外形上看，與其他拳術似無差異，但在本質上仍具

特點。它在運動中要求以肢體纏繞為訓練基礎，驅使拳勢中的動作採用走弧畫圓圈的旋轉方法為運動綱領，利用「以意導氣，以氣運身，氣遍周身，氣宜鼓盪」等運動程式，引動體內之氣潛轉由丹田而運聚，腎氣滾動由腰隙出入而傳遞。由以腰勁為主要動力的旋轉纏繞運動分佈於全身，通任督（二脈）、過帶沖（二脈），內入骨縫循經走脈，外達肌膚纏繞運行，功積力久，氣息充盈，氣機活潑，以意為主導，以丹田的運聚與勃發為原則，循經絡、充骨節，而氣布周身。只有這樣，方能做到疏經活絡、壯骨洗髓、調整陰陽、養育五臟、濡潤筋骨、靈活關節、強身健體而益壽延年的效果。正如陳鑫所云：「太極至理，一言難盡，陰陽變化，存乎其人，稍涉虛偽（學思並用，須下實在工夫），妙理難尋。」

第十節　陳式太極拳功夫架第二路圖解

一、拳勢名稱

第 一 式　預備勢　　　　　　　　　步）
第 二 式　金剛搗碓　　　　第 九 式　煞腰壓肘
第 三 式　懶紮衣　　　　　第 十 式　井攬直入
第 四 式　六封四閉　　　　第十一式　風掃梅花
第 五 式　單　鞭　　　　　第十二式　金剛搗碓
第 六 式　左右搬攔肘　　　第十三式　披身捶
第 七 式　護心拳　　　　　第十四式　撇身捶
第 八 式　斜行拗步（摟膝拗　第十五式　斬　手

二、關於圖解的幾點說明

1. 書中圖解的動作，是按照先師陳照奎所嫡傳的陳式太極拳功夫架第二路，又經作者三十多年修煉與參悟，示範演練拍攝成照片。

2. 為了便利讀者學習，查對拳勢的運動路線，圖解中的方位為面南背北，左東右西。待讀者修煉純熟後，可根據場地任意選定方向。

3. 在文字說明中，除特殊注明外，無論先寫或後寫身體某一部分，各運動部位都要同時協調活動，不要先後割裂。

4. 方向轉變以人體為準標明前後左右。

5. 圖上的線條是表明從這一動作到下一動作經過的路線和部位，左手左腳為虛線（-----➤），右手右腳為實線（——➤）。個別動作的線條受角度、方向等限制，可能不夠詳盡，應以文字說明為準。

6. 某些背向、側向動作，增加了附圖，以便對照。套路中相同的拳勢，可以參照前面。

7. 書中所要求的纏絲勁、氣機走向、呼吸等，初學時不宜參照模仿，待有一定基礎後，再細心研習。

三、拳勢圖解

第一式　預備勢（面向南）

【動作】身椿端然恭立，心理鬆靜無為，心中一念無所思，一物無所著，內固精神，外示安逸。（圖10-1）

虛領頂勁，頭頸正直，前頂與後頂在百會穴上方微微相碰、合住勁，使脊骨二十四節虛虛對準攏直，中氣方能領正並暢通無阻。面部肌肉放鬆微含笑意，嘴唇輕閉，牙齒微合，舌尖輕抵上腭齦齒間，下頜微收，喉頭內藏，意用鼻準頭納氣，兩耳略含豎感，靜聽身後，兼顧兩腎。眼神平視極遠，隨體鬆氣沉，合目息氣，返觀內視。

立身中正，雙肩鬆開似脫，肩井穴有意鬆沉，雲門穴內含，兩鎖骨下沉裡合，雙肩微含前捲裡合之意；兩肘向下鬆沉，肘尖含有鬆垂之意，雙腋下微向外撐，極泉穴略有下沉之感；胸大肌放鬆內斂，膻中穴聚而內含，心氣與橫膈膜同時鬆降，沉於小腹關元與中極穴之內。

與此同時，在束肋合腹的配合下，氣沖命門，促使腰部微微向身後方撐平向下塌住勁；隨著腰勁向下鬆串和骶骨尖上泛，使尾閭骨中正直豎含有向下鬆沉之感，似長出一條無形的腿來，以助下盤堅實穩固。

此外，雙胯爭衡前捲裡合，胯根前側形成窩狀，氣衝穴自會虛靈；隨著盆骨或坐骨結節爭衡對拉，臀部骨肉分別向左右兩側微微泛起，同時，恥骨內收，前陰收斂，穀道上提，襠部撐圓，會陰穴自虛，襠勁前合後開；雙腿向裡纏繞，兩膝關節微微彎曲，並含內撐外搠之意，髕骨輕

圖10-1　　　　　　　　　圖10-2

輕由外向內、向上旋轉內合，引導腳拇趾與內虎（膝）眼
穴合住勁，委中穴必須有挺拔之意，決不可軟而無力。

　　兩腳尖外撇15°，腳尖外側與肩同寬，乘其腰勁向下鬆
串，注入腳底植地生根；同時要求腳拇趾和二趾領勁內
旋，餘下六趾隨之，十趾內收抓地，腳掌內側實外沿虛，
陰陽分成而互濟，湧泉穴虛又含有吸地氣之意，清氣順雙
腿直上，二氣和勁經會陰穴聚合升於小腹內，與頭頂百會
穴所採納的天氣共同融會到小腹關元穴和中極穴內，構成
陰陽混濁的無極狀態，等待震機。

　　雙臂隨肩部的鬆開似脫自然下垂，雙手指自然鬆直併
攏，中指輕貼兩腿外側褲縫，凝神靜氣，等待陰聚陽震之
機。（圖10-2）

　　以上所述，不僅適合於預備勢，而且也是陳式太極拳
運動的法則。為此，要求習練者細心體會，將此法貫串融
會於整套拳術的每一個動作之中。

第二式　金剛搗碓（面向南）

【動作一】接上勢。乘氣機聚之將動未動之機，隨心意一動，頂勁虛虛自然領起，以中氣潛轉為軸（從第二式起到收勢止，每一動作都要求「頂勁虛虛領起，以中氣潛轉為軸」，以下不再一一敘述），腰勁先左後右旋套，身體螺旋下沉；雙肩鬆開似脫，下塌外碾，內捲裡合，左旋右轉，互相催領傳遞，引導肩井、雲門、極泉、曲池、曲澤、內關、勞宮、氣衝等諸穴內氣機潛轉，膻中穴微內含，胸腰先左（下弧）後右（上弧）做弧形的運化動作，牽動往來氣貼背；雙手轉換有序，互為主賓。

左手先出後入勁先逆纏後順纏折腕旋轉，借助旋腕轉膀之勁向左側微畫下弧，接著向右畫上弧運升至腹前，上掤下折，肘微裡合，高與胸平，手指鬆直向下，掌心向下；右手先入後出勁先順纏後逆纏折腕旋轉，借助旋腕轉膀之勁向左畫下弧運至身體前，接著向右畫上弧運升至右前方，上掤下折，肘向裡合，高與胸平，手指鬆直向下，掌心向下。

同時，鬆右胯、泛左臀，雙胯爭衡前捲裡合，開膝合髖，雙腿裡纏，十趾抓地，襠部撐圓，借助旋踝轉腿之勁（從第二式起，兩腳著地的動作都要求做到「雙胯爭衡前捲裡合……襠部撐圓，借助旋踝轉腿之勁……」以下不再一一敘述），先下弧調襠，重心移於左腿，然後上弧調襠重心移於右腿，六四分成，腰勁向下鬆串，注入腳底植地生根（此要求貫穿融會於整套拳術的每一個動作之中）。

周身合中寓開，同時吸氣，氣結中宮，眼注視右方，耳聽身後，兼顧兩腎（以下所有的動作都要求「耳聽身

圖10-3

圖10-4

後，兼顧兩腎」，下面其他動作不再一一敘述）。（圖
10-3、圖10-4）

【動作二】接上勢。腰勁微向右旋，身體螺旋下沉微
向左轉動；雙肩左催右領，引導諸穴內氣機潛轉（同上
動），膻中穴微內含，心氣與橫膈膜同步沉降；雙手同時
以右手為主，左手為賓。

右手出勁變為順纏，坐腕旋轉，借助旋腕轉膀之勁畫
下弧運至右膝上方，內掤外折，肘向裡合，高與胯平，手
指鬆直向右前下方，掌心向左前偏下；左手入勁變為逆
纏，坐腕旋轉，借助旋腕轉膀之勁畫下弧運展至腹前約25
公分，下掤上折，肘微裡合，高與胯平，手指鬆直向右前
方，掌心向下。

同時，鬆右胯、泛左臀，下弧調襠，重心移於左腿，
六四分成。

周身合中寓開，同時呼氣，氣聚中宮，眼注視右手。

圖10-5

圖10-6

（圖10-5）

【動作三】接上勢。腰勁右旋，身體螺旋下沉，微向左轉動；雙肩鬆開似脫，下塌外碾，右領左催，引導諸穴內氣機潛轉（同上動），膻中穴微內含，牽動往來氣貼背；雙手轉換有序，互為主賓。

左手先出後入勁繼續逆纏，坐腕旋轉，借助旋腕轉膀之勁畫上弧運展至身體左前上方約50公分，外掤內折，高與嘴平，手指鬆直向右上方，掌心向左前方；右手先入後出勁繼續順纏，坐腕旋轉，借助旋腕轉膀之勁畫下弧運展至身體前約45公分，上掤下折，高與嘴平，手指鬆直向左前方，掌心向上。

同時，鬆左胯、泛右臀，後下弧調襠，重心移於右腿，六四分成。

周身合住勁，同時吸氣，氣結中宮，眼注視右手及前方。（圖10-6）

【動作四】接上勢。腰
勁向左旋轉，身體螺旋下
沉，右轉45°；雙肩鬆開似
脫，下塌外碾，內捲裡合，
右催左領，膻中穴微內含，
心氣與橫膈膜同步沉降；雙
手以左手為主，右手為賓。

圖10-7

左手出勁變為順纏，坐
腕旋轉，借助旋腕轉膀之勁
畫上弧運展至身體前約45
公分，上掤下折，肘向裡
合，高與嘴平，手指鬆直向前，掌心向右偏上；右手入勁
變為逆纏，坐腕旋轉，借助旋腕轉膀之機畫上弧運展至身
體右側上方，外掤內折，高與鼻平，手指鬆直向上偏前，
掌心向外，雙手構成右上掠勢。

同時，鬆右胯、泛左臀，後下弧調襠，重心移於左
腿，六四分成，右腳跟為軸，前腳掌擦滑地面外擺75°，
左膝弓度不可超越腳尖，內虎眼與腳拇趾相合。

周身合住勁，同時呼氣，氣聚中宮，眼注視前方。
（圖10-7）

【動作五】接上勢。腰勁向右旋轉，身體螺旋下沉，
向左轉動45°；雙肩鬆開似脫，下塌外碾，內捲裡合，左
催右領，膻中穴微內含，心氣與橫膈膜同步沉降，胸腰由
左向右做下弧運化動作；雙手以右手為主，左手為賓。

右手出勁繼續逆纏，坐腕旋轉，借助旋腕轉膀之勁畫
下弧繼續向身體右側上方運展，外掤內折，高與嘴平，手

指鬆直向上微偏前方，掌心
向外；左手入勁繼續順纏，
坐腕旋轉，借助旋腕轉膀之
勁畫下弧繼續在身體前領
勁，外掤內折，肘繼續裡
合，高與鼻平，手指鬆直向
前，掌心向上。

圖10-8

　　同時，鬆左胯、泛右
臀，下弧調襠，重心移於右
腿，六四分成。

　　周身合住勁，繼續呼
氣，氣聚中宮，眼注視前方。（圖10-8）

　　【動作六】接上勢。腰勁向左旋轉，身體螺旋下沉，
右轉45°；雙肩鬆開似脫，下塌外碾，右催左領，膻中穴
微內含，牽動往來氣貼背；雙手以左手為主，右手為賓。

　　左手出勁繼續順纏，坐腕旋轉，借助旋腕轉膀之勁微
畫上弧在身前領勁，上掤下折，肘向裡合，高與眼平，手
指鬆直向前上方，掌心向右上方；右手入勁繼續逆纏，坐
腕旋轉，借助旋腕轉膀之勁在身體右側上方畫上弧領勁，
外掤內折，高與鼻平，手指鬆直向前上方，掌心向外。

　　同時，鬆右胯、泛左臀，雙胯掙衡前捲裡合，開膝合
襠，雙腿裡纏，五趾抓地，小腹關元、中極二穴共同內斂納
氣，沖震命門，借助旋踝轉腿之勁，左腳入勁畫上弧領左膝
提起，高與胯平，小腿鬆垂直豎，腳底平整，五趾微收，湧
泉穴含有吸地氣之意，腰勁順其右腿鬆串腳底植地生根。

　　周身合中寓開，同時吸氣，氣結中宮，眼注視前方。

圖10-9

圖10-10

（圖10-9）

【動作七】接上勢。鬆腰下氣，身體螺旋下沉；雙肩鬆開似脫，下塌外碾，右領左催，膻中穴微內含，心氣與橫膈膜同步沉降；雙手以右手為主，左手為賓。

右手出勁繼續逆纏，坐腕旋轉，借助旋腕轉膀之勁在身體右前上方繼續微畫上弧領勁，外掤內折，高與鼻平，手指鬆直向上偏前，掌心向右偏上；左手入勁繼續順纏，坐腕旋轉，借助旋腕轉膀之勁微畫上弧領勁，上掤下折，肘向裡合，高與眼平，手指鬆直向前上方，掌心向右偏上。

同時，鬆左胯、泛右臀，左腳出勁向左前方出步，待腳伸展至七八分時，腳尖上翹裡合，以腳跟內側擦滑地面鏟出九分，使濁氣順著左腿沉降至湧泉穴，一吐即納，五趾一伸即收。

周身合住勁，同時一吸即呼，氣聚中宮，眼注視前方。（圖10-10）

【動作八】接上勢，腎氣立圓滾動，腰勁向右旋套，身體螺旋下沉，丹田鼓蕩勃發；雙肩鬆開似脫，左領右催，引導諸穴內氣機潛轉，促使胸腰自左向右做上弧運化動作，膻中穴微內含，牽動往來氣貼背；雙手以右手為主，左手為賓。

雙手右出左入勁繼續左順右逆纏，坐腕旋轉，借助旋腕轉膀之勁向右後上方畫上弧忽然一抖即鬆，領住勁，外掤內折，肘向裡合，高與眼平，虎口撐圓，勞宮穴內含，手指鬆直向前上方，掌心向右後偏上。

同時，鬆右胯、泛左臀，雙腳旋騰向前搓步，重心仍偏於右腿，六四分成。

周身合住勁，同時呼氣，氣聚中宮，眼注視前方。（圖10–11）

【動作九】接上勢。腰勁一鬆向右旋轉，身體螺旋下沉，向左轉動45°；雙肩鬆開似脫，下塌外碾，右催左領，引導諸穴內氣機潛轉（同動作三），膻中穴微內含，心氣與橫膈膜同步沉降，胸腰由右向左做下弧運化動作；雙手以左手為主，右手為賓。

左手出勁變為逆纏，折腕旋轉，借助旋腕轉膀之勁畫下弧運展至胸前約45公分，上掤下折，高與胸平，手指鬆直向右偏下，掌心向下，勁力貫注掌沿，構成左擠勢；右手入勁變為順纏，坐腕旋轉，借助旋腕轉膀之勁畫下弧運至右膝上方，前掤後折，肘向裡合，高與胯平，手指鬆直向右偏後，掌心向右偏前。

同時，鬆右胯、泛左臀，下弧調襠，重心移於左腿，六四分成，左腳跟為軸，前腳掌外擺45°徐徐落地踏實，

圖10-11

圖10-12

五趾抓地，湧泉穴由吐變吸。

　　周身合住勁，繼續呼氣，氣聚中宮，眼注視前方。
（圖10-12）

　　【動作十】接上勢。腎氣左右上下立圓滾動，以花腰勁
旋轉各領半身轉動，身體螺旋上升；雙肩鬆開似脫，下塌外
碾，內捲裡合，左旋右轉互為催領，引導諸穴內氣機立圓潛
轉（同上動），牽動往來氣貼背；雙手轉換有序，互為主賓。

　　左手先出後入勁變為順纏，順腕旋轉，借助旋腕轉膀
之勁畫下弧向前方運展，乘手臂運至將展未展之機，利用
肩部的轉關過節，由順纏變為逆纏，畫上弧運回胸前約25
公分，落於右前臂上，上掤下折（腕），高與胸平，手指
鬆直向右，掌心向下；右手以先入後出勁繼續順纏，坐腕
旋轉，借助旋腕轉膀之勁畫下弧運展至胸前約45公分，與
左手合住勁，上掤下折，肘向裡合，高與胸平，手指鬆直
向前偏下，掌心向前偏上。

圖10-13

圖10-13附圖

　　同時，鬆左胯、泛右臀，小腹關元、中極二穴內收納氣，沖震命門，右腳以先入後出勁向前畫上弧運至左腳前約30公分，前腳掌虛點地面，襠勁前合後開撐圓，重心偏於左腿，八二分成。

　　周身合中寓開，同時吸氣，氣結中宮，眼注視前方。（圖10-13、圖10-13附圖）

　　【動作十一】接上勢。腰勁鬆塌，身體螺旋下沉；雙肩鬆開似脫，下塌外碾，前捲裡合，膻中穴微內含，心氣與橫膈膜同步沉降；雙手以右手為主，左手為賓。

　　右手出勁繼續順纏，折腕旋轉，借助旋腕轉膀之勁以中指領勁畫下弧向掌心彎曲握拳捲合，引導右肩部之勁順其肩胛骨縫貫串於上臂向手上輸送，注入中指第二節，握拳力度適中，拳實不僵，拳虛不空（忌握空心拳），下掤上折，肘微裡合，高與腹平，拳面向前偏上，拳眼向右，拳心向內上方；左手入勁繼續順纏，折腕旋轉，借助旋腕

圖10-14　　　　　　　　圖10-14附圖

轉膀之勁畫上弧向前翻轉滾動至右前臂內側上方，下掤上折，肘微裡合，高與胸平，手指鬆直向右，掌心向上。

同時，鬆左胯、泛右臀，重心仍偏於左腿，八二分成。

周身合住勁，同時呼氣，氣聚中宮，眼注視前方。（圖10-14、圖10-14附圖）

【動作十二】接上勢。鬆腰下氣，身體螺旋下沉；雙肩鬆開似脫，下塌外碾，內捲裡合，膻中穴微內含，心氣貼背；雙手以右手為主，左手為賓。

右手出勁繼續順纏，折腕旋轉，借助旋腕轉膀之勁利用肩井穴向下鬆串的氣與勁，由肩胛骨縫順其臂向手背貫注，以中指根領勁畫外上弧上沖，運展至身體前上方約35公分，外掤內折，肘微裡合，高與鼻平，拳面向上，拳眼向右，拳心向內；左手入勁繼續順纏，折腕旋轉，借助旋腕轉膀之勁畫外下弧運合至腹前，離腹臍一拳，下掤上折，高與腹臍平，手指鬆直向右偏上，掌心向上。雙手雖

形成上下兩奪之形，但有一
鬆即合之勢。

圖10-15

同時，鬆左胯、泛右
臀，小腹內收，引導關元、
中極二穴收斂納氣，沖震命
門，右腳入勁提膝上頂，高
與胯平，小腿鬆垂直豎，腳
底平整無偏，五趾微向內收
攏，湧泉穴含吸地氣之意，
重心全部移於左腿立穩，腰
勁順左腿向下鬆串，注入腳
底植地生根。

周身渾然一體，構成負陰抱陽之狀，有一觸即發之
勢，同時吸氣，氣結中宮，眼注視前方。（圖10-15）

【動作十三】接上勢。鬆腰下氣，身體螺旋下沉，丹田
勃發鼓蕩；雙肩鬆開似脫，下塌外碾，內捲裡合，膻中穴微
內含，心氣與橫膈膜同步沉降，雙手以右手為主，左手為
賓。

右手出勁變為逆纏，折腕旋轉，借助旋腕轉膀之勁畫
外下弧忽然一抖即鬆沉落至左掌中，上折下捌，高與臍
平，拳面向左，拳眼向前，拳心向上；左手出勁繼續順
纏，折腕旋轉，借助旋腕轉膀之勁微畫下弧向下一沉，與
右拳構成搗碓狀態合於腹前，上折下捌，高與腹平，手指
鬆直向右，掌心向上。

同時，鬆右胯、泛左臀，右腳出勁隨氣勁沉降下落，震
地有聲，雙腳外側與肩同寬，重心偏於左腿，六四分成。

圖10-16

圖10-17

　　周身合住勁，同時呼氣，氣沉丹田，眼注前方。（圖10-16）

第三式　懶紮衣（面向南）

　　【動作一】接上勢。腰勁向左旋轉，身體螺旋下沉，右轉30°；雙肩鬆開似脫，下塌外碾，右催左領，膻中穴微內含，心氣與橫膈膜同步沉降；雙手以左手為主，右手為賓。

　　左手出勁右手入勁繼續雙順纏，折腕旋轉，借助旋腕轉膀之勁畫上弧運展至右膝上方，下掤上折，肘微裡合，高與腹平，左手指鬆直向右前偏上，掌心向上偏內；右拳面向前偏上，拳眼向右上方，拳心向內上方。

　　同時，鬆右胯、泛左臀，後下弧調襠，重心繼續左移，七三分成。

　　周身合住勁，同時吸氣，氣結中宮，眼注視雙手及右前下方。（圖10-17）

【動作二】接上勢。腰勁向右旋轉，身體螺旋下沉，左轉30°；雙肩鬆開似脫，下塌外碾，左催右領，膻中穴微內含，心氣與橫膈膜同步沉降，胸腰由右向左做下弧運化動作；雙手以右手為主，左手為賓。

右手出勁、左手入勁變為雙逆纏，折腕旋轉，借助旋腕轉膀之勁，右拳與左掌心粘黏旋動畫下弧運合至腹臍前，上折下掤，右拳面向左，拳眼向前，拳心向上；左手指鬆直向右，掌心向上，還原成「金剛搗碓」狀態。

同時，鬆右胯、泛左臀，襠勁後開前合，重心仍偏於左腿，六四分成。

周身合中寓開，同時呼氣，氣聚中宮，眼注視前方。（圖10-18）

【動作三】接上勢。腰勁向右旋轉，身體螺旋下沉，左轉30°；雙肩鬆開似脫，下塌外碾，左催右領，膻中穴微內含，心氣與橫膈膜同步沉降；雙手繼續以右手為主，左手為賓。

右手出勁變為順纏，由拳變掌坐腕旋轉，借助旋腕轉膀之勁畫下弧運展至左膝上方，上掤下折，肘向裡合，高與胯平，手指鬆直向左偏下，掌心向左上方；左手入勁繼續逆纏，借助旋腕轉膀之勁畫下弧運展至左膝上方，上折下掤，肘向裡合，高與胯平，手指鬆直向右偏上，掌心向上；雙手腕右上左下粘黏相搭，成十字交叉狀態，交叉點正對左膝。

同時，鬆左胯、泛右臀，後下弧調襠，重心移於右腿，六四分成。

周身合住勁，繼續呼氣，氣聚中宮，眼注視雙手。（圖10-19）

圖10-18

圖10-19

【動作四】接上勢。腎氣立圓滾動，腰隙旋轉有序，互相傳遞，腰勁螺旋轉動，身體旋轉下沉，微向右轉動，丹田鼓蕩勃發；雙肩鬆開似脫，下塌外碾，左旋右轉，互為催領，帶動雙肩窩內（雲門穴）氣機潛轉，胸背開合轉換有度，胸腰先下後上做弧形運化動作；雙手虛實轉換有序，互為主賓。

右手先出後入勁變為逆纏，借助旋腕轉膀之勁，忽然一抖即鬆，畫上弧運升至臉前約30公分，內折外掤，肘微裡合，高與鼻平，手指鬆直向上，掌心向左；左手先入後出勁變為順纏，借助旋腕轉膀之勁，忽然一抖即鬆，畫下弧運展至左側上方時，乘肩部的轉關過節變為逆纏，接著畫上弧運至臉前約30公分，內撐外掤，肘微裡合，高與鼻平，手指鬆直向上，掌心向右，雙手腕粘黏旋轉，構成左外右內十字交叉狀態，雙手背相對，手指含相吸相合之意。

同時，鬆右胯、泛左臀，下弧調襠，重心移於左腿，六四分成。

周身合中寓開，同時呼氣，氣聚中宮，眼注視雙手及前方。（圖10-20）

圖10-20

【動作五】接上勢。腎氣滾動，雙腰隙立圓旋轉，各領半身轉動，腰勁向右旋套，身體螺旋下沉；雙肩鬆開似脫，下塌外碾，左催右領，膻中穴微內含，心氣與橫膈膜同步沉降；雙手以右手為主，左手為賓。

右手出勁繼續逆纏，微畫上弧，勁貫掌沿，高與鼻平，手指鬆直向左，掌心向下；左手入勁變為順纏，借助旋腕轉膀之勁，運用採按之法畫外弧運合至左膝上方，上折下掤，肘向裡合，高與胯平，手指鬆直向前，掌心向下；雙手成右掤左採之勢。

同時，鬆左胯、泛右臀，後下弧調襠，重心移於右腿，六四分成。

周身合住勁，繼續呼氣，氣聚中宮，眼注視右手及前方。（圖10-21）

【動作六】接上勢。腰勁向右旋套，身體螺旋下沉；雙肩鬆開似脫，下塌外碾，繼續左催右領，丹田鼓蕩勃發，膻中穴微內含，心氣與橫膈膜同步沉降；雙手以右手為主，左手為賓。

圖10-21

圖10-22

　　雙手出勁同時逆纏，借助旋腕轉膀之勁，忽然一抖即鬆，畫上弧向身體內側猝然圈合，右手運展至身體正前方，內折外掤，肘向裡合，勁貫虎口間，高與眼平，手指鬆直向左偏上，掌心向外；左手合至左膝上方，內折外掤，肘向裡合，高與胯平，手指鬆直向前偏右，掌心向下。

　　同時，鬆左胯、泛右臀，上弧調襠，重心仍偏於右腿，六四分成。

　　周身合住勁，同時呼氣，氣聚中宮，眼注視右手及右前方。（圖10-22）

　　【動作七】接上勢。腰勁向右旋套，身體螺旋下沉；雙肩鬆開似脫，下塌外碾，繼續左催右領，膻中穴微內含，心氣與橫膈膜同步沉降；雙手以右手為主，左手為賓。

　　右手出勁繼續逆纏，借助旋腕轉膀之勁畫上弧運展至身體右側上方，外掤內折，高與眼平，手指鬆直向上，掌心向前偏右；左手入勁變為逆纏，借助旋腕轉膀之勁畫下

圖10-23

弧運展至左膝上方外側，上折下掤，肘微裡合，高與胯平，手指鬆直向左下方，掌心向後。

　　同時，鬆左胯、泛右臀，上弧調襠，重心繼續右移，七三分成。

　　周身合住勁，同時吸氣，氣結中宮，眼注視右手及右前方。（圖10-23）

　　【動作八】接上勢。腰勁向左旋套，身體螺旋下沉；雙肩鬆開似脫，下塌外碾，右催左領，膻中穴微內含、心氣與橫膈膜同步沉降；雙手以左手為主，右手為賓。

　　左手出勁變為順纏，坐腕翻掌旋轉，借助旋腕轉膀之勁經左側畫下弧運升至左側上方，內折外掤，肘向裡合，高與鼻平，手指鬆直向左偏上，掌心向前；右手入勁變為順纏，借助旋腕轉膀之勁畫下弧運合至右膝外側，上掤下折，肘向裡合，高與胯平，手指鬆直向右下方，掌心向前偏下。

圖10-24

　　同時，鬆左胯、泛右臀，下弧調襠，重心移於左腿，右腳入勁，膝蓋上提，高與胯平，小腿鬆垂直豎，腳底平整，五趾微收，湧泉穴內含吸地氣之意；小腹聚合收斂，引導關元、中極二穴納氣，沖震命門；腰勁順左腿向下鬆串，注入腳底植地生根。

　　周身開中寓合，繼續吸氣，氣結中宮，眼注視右手。（圖10-24）

　　【動作九】接上勢。腰勁繼續向左旋套，身體螺旋下沉；雙肩鬆開似脫，下塌外碾，內捲裡合，膻中穴微內含，心氣與橫膈膜同步沉降；雙手以右手為主，左手為賓。

　　右手出勁繼續逆纏，借助旋腕轉膀之勁經腹臍前畫下弧運展至身體前約45公分，下折上掤，肘向裡合，高與鼻平，手指鬆直向前，掌心向左上方；左手入勁變為逆纏，借助旋腕轉膀之勁經左肩上方屈肘畫上弧運合至右上臂內側，內折外掤，肘微裡合，高與肩平，手指鬆直向上，掌

圖10-25

心向右。

　　同時，鬆右胯、泛左臀，右腳出勁畫下弧向右側出腿開步（以自己一腿為度），以腳拇趾領勁，腳尖上翹裡合，腳跟內側擦滑地面鏟地而出，重心仍偏於左腿，八二分成。

　　周身合中寓開，同時吸氣，氣結中宮，眼注視右方。（圖10-25）

　　【動作十】接上勢。腰勁向右旋轉，身體螺旋下沉，微向左轉；雙肩鬆開似脫，下塌外碾，並左催右領，膻中穴微內含，牽動往來氣貼背；雙手以右手為主，左手為賓。

　　右手出勁繼續順纏，借助旋腕轉膀之勁，手引身進畫下弧向左上方引渡，上掤下折，肘向裡合，高與鼻平，手指鬆直向前，掌心向左上方，構成手引身進之勢，勁貫肩背，呈顯「靠」威；左手入勁繼續逆纏，借助旋腕轉膀之勁，粘黏右臂內側畫下弧纏繞小半圈，內折外掤，肘微裡

圖10-26

合，高與肩平，手指鬆直向上，掌心向右偏前。

同時，鬆左胯、泛右臀，後下弧調襠，重心移於右腿，六四分成，右前腳掌徐徐落地，五趾及時抓地。

周身合中寓開，同時呼氣，氣聚中宮，眼注視右下方。（圖10-26）

【動作十一】接上勢。腰勁向左旋轉，身體螺旋下沉；雙肩鬆開似脫，下塌外碾，左催右領，膻中穴微內含，牽動往來氣貼背；雙手以右手為主，左手為賓。

右手出勁變為逆纏，坐腕翻掌旋轉，借助旋腕轉膀之勁畫上弧運展至身體右側上方，內折外掤，高與鼻平，手指鬆直向右前方；左手入勁繼續逆纏，借助旋腕轉膀之勁畫下弧運合至腹臍前，上折下掤，高與臍平，手指鬆直向右，掌心向下。

同時，鬆左胯、泛右臀，重心繼續右移，七三分成，左腳跟為軸，腳尖微內合裡扣。

圖10-27

周身合住勁，同時吸氣，氣結中宮，眼注視右手。
（圖10-27）

【動作十二】接上勢。腰勁向右旋轉，身體螺旋下沉，微左轉；雙肩鬆開似脫，下塌外碾，左催右領，膻中穴微內含，心氣與橫膈膜同步沉降；雙手以右手為主，左手為賓。

右手出勁變為順纏，借助旋腕轉膀之勁畫上弧在原位纏繞小半圈，上折下掤，肘向裡合，高與肩平，手指鬆直向右前上方，虎口撐圓，勞宮穴向外吐勁，待勁力貫注中指肚的一瞬間，意加停息，勞宮穴及時內含，將氣勁經手臂複歸丹田之中，掌心向前下方；左手入勁變為順纏，折腕旋轉，借助旋腕轉膀之勁翻掌畫下弧纏繞小半圈，上折下掤，高與臍平，手指鬆直向右偏上，掌心向上。

同時，鬆右胯、泛左臀，下弧調襠，重心移至左腿（右膝蓋的弓度不可失），六四分成。

圖10-28

周身合住勁，同時呼氣，氣沉丹田，眼注視右手。
（圖10–28）

第四式　六封四閉（面向南）

【動作一】接上勢。腰勁一鬆，向左旋套，身體螺旋下沉；雙肩鬆開似脫，下塌外碾，左催右領，丹田鼓蕩勃發，膻中穴微內含，牽動往來氣貼背；雙手以右手為主，左手為賓。

右手出勁變為逆纏，坐腕側折旋轉，借助旋腕轉膀之勁忽然一抖即鬆，畫上弧向身體內側猝然圈合，內折外掤，高與肩平，手指鬆直向左上方，勁貫虎口間，掌心向前；左手入勁變逆纏，折腕旋轉，忽然一抖即鬆，畫上弧向內、向上猝然圈合，左前臂旋轉上掤，尺、橈二骨扭摞翻轉，內折外掤，肘向裡合，高與腹平，手指鬆直向內（中指與無名指粘黏腹臍），掌心向內。

　　同時，鬆左胯、泛右臀，後弧調襠，重心移至右腿，前腳扒後腳蹬，六四分成。

　　周身合住勁，同時呼氣，氣聚中宮，眼注視右手及右前方。（圖10-29）

圖10-29

　　【動作二】接上勢。腰勁一鬆，向左旋套，身體螺旋下沉；雙肩鬆開似脫，下塌外碾，右催左領，膻中穴微內含，心氣與橫膈膜同步沉降；雙手以左手為主，右手為賓。

　　左手出勁變為順纏，自腹前折腕旋轉，借助旋腕轉膀之勁粘黏腹部由右向左畫下弧纏繞小半圈，上折下掤，高與臍平，手指鬆直向右，掌心向上；右手入勁變為順纏，借助旋腕轉膀之勁畫下弧運合至右膝內側，上折下掤，肘向裡合，高與膝平，手指鬆直向右，掌心向下。

　　同時，鬆右胯、泛左臀，下弧調襠，重心移於左腿，六四分成。

　　周身合中寓開，同時吸氣，氣聚中宮，眼注視右手及右下方。（圖10-30）

　　【動作三】接上勢。腰勁向左旋轉，身體螺旋下沉，右轉45°；雙肩鬆開似脫，下塌外碾，立圓旋轉，胸開背合有序，胸腰折疊蛹動有度；雙手以右手為主，左手為賓。

　　右手出勁變為逆纏，折腕旋轉，借助旋腕轉膀之勁畫

圖10-30　　　　　　　　圖10-31

上弧運合至胸腹前與左手合住勁，上折下掤，肘微裡合，高與胸平，手指鬆直向下，掌心向右後下方；左手入勁變為逆纏，折腕旋轉，借助旋腕轉膀之勁畫上弧運合至胸腹前與右手合住勁，內折外掤，肘微裡合，高與胸平，手指鬆直向下，手心向內偏下。

　　同時，鬆左胯、泛右臀，上弧調襠，重心移於右腿，六四分成；腰勁向下鬆串，注入腳底植地生根，以助腳底之勁上翻傳導。

　　周身合住勁，同時吸氣，氣結中宮，眼注視右前方。（圖10-31）

　　【動作四】接上勢。鬆腰下氣，身體螺旋下沉；雙肩鬆開似脫，下塌外碾，前捲裡合，胸合背開，丹田陡然勃發，膻中穴微內含，牽動往來氣貼背；雙手以左手為主，右手為賓。

　　左手出勁變為順纏，折腕旋轉，借助旋腕轉膀之勁忽

然一抖即鬆，畫上弧運展至
身體右前方約40公分，內
折外掤，高與肩平，手指鬆
直向右，掌心向內；右手入
勁繼續逆纏，坐腕旋轉，借
助旋腕轉膀之勁畫上弧忽然
一抖即鬆，運展至身體右前
方約45公分，內折外掤，
高與肩平，手指鬆直向左，
掌心向右前方，雙手背相對
相合含有相吸之意。

圖10-32

　　同時，鬆右胯、泛左臀，上弧調襠，前腳扒後腳蹬，
重心發於前（右）鬆於後（左），六四分成。

　　周身合住勁，同時呼氣，氣聚中宮，眼注視雙手及右
前方。（圖10-32）

　　【動作五】接上勢。腰勁欲左先右旋套，身體螺旋下
沉；雙肩鬆開似脫，下塌外碾，內捲裡合，左旋右轉，互
相催領傳遞，膻中穴微內含，心氣與橫膈膜同步沉降，胸
腰先下弧後上弧做圓圈的運化動作；雙手轉換有序，互為
主賓。

　　左手先出後入勁變為逆纏，折腕旋轉，借助旋腕轉膀
之勁畫下弧運展至左胸前時，乘肩部的轉關過節，改換為
畫上弧運展至身體左前上方約45公分，上掤下折，肘向裡
合，高與胸平，手指鬆直向內下方，掌心向下偏內；右手
先入後出勁變為順纏，坐腕旋轉，借助旋腕轉膀之勁畫下
弧運展至右胸前時，乘肩部的轉關過節，改為畫上弧運展

圖10-33　　　　　　　　　　圖10-34

至身體右前上方約50公分，上掤下折，肘向裡合，高與肩平，手指鬆直向右偏前，掌心向上。

同時，鬆右胯、泛左臀，下弧調襠，重心先移於左腿，乘腰胯的轉關過節，後下弧調襠，重心復移右腿，六四分成。

周身合住勁，同時一吸即呼，氣聚中宮，眼注視右手及右前方。（圖10-33、圖10-34）

【動作六】接上勢。腰勁向右旋轉，身體螺旋下沉微向左轉；雙肩鬆開似脫，下塌外碾，並掙衡對拉旋轉，引導諸穴內氣機潛轉，胸開背合；雙手以右手為主，左手為賓。

右手出勁變為逆纏，左手入勁繼續逆纏，坐腕旋轉，借助旋腕轉膀之勁以肘為旋動樞紐向左右兩側畫後上弧運合至耳旁，上掤下折，肘向上挑，手指鬆直向內，掌心向上偏前，高與耳平。

圖10-35

圖10-36

同時，鬆左胯、泛右臀，背絲扣調襠，重心移於左腿，六四分成。

周身合住勁，同時吸氣，氣結中宮，眼注視右前方。（圖10-35）

【動作七】接上勢。鬆腰下氣，身體螺旋下沉；雙肩鬆開似脫，下塌外碾，內捲裡合，膻中穴微內含，心氣沉降；雙手轉換有序，互為主賓。

雙手入勁變為雙順纏，坐腕旋轉，借助旋腕轉膀之勁畫下弧運合至胸前，外折內掤，兩肘同向裡合，高與胸平，雙手指鬆直向上，掌心向內，並含相吸相合之意。

同時，鬆右胯、泛左臀，重心繼續移於左腿，六四分成。

周身合中寓開，同時呼氣，氣結中宮，眼注視右方偏下。（圖10-36）

【動作八】接上勢。腰勁向右旋套，身體螺旋下沉；

雙肩鬆開似脫，下塌外碾，左催右領，膻中穴微內含，心氣與橫膈膜同步沉降，胸腰由左向右做下弧運化動作；雙手以右手為主，左手為賓。

圖10-37

右手出勁變為逆纏，坐腕旋轉，借助旋腕轉膀之勁畫下弧經胸腹運至右胯外側，乘其勁落點的一瞬間，由逆纏變為順纏放鬆，內折外掤，高與胯平，手指鬆直向前，掌心向右下方；左手入勁變為逆纏，坐腕旋轉，借助旋腕轉膀之勁畫下弧經胸腹運至右胯前，乘其勁落點的一瞬間，由逆纏變為順纏放鬆，上折下掤，肘微裡合，高與胯平，手指鬆直向右，掌心向右下方。

同時，鬆左胯、泛右臀（右胯外側向右凸出，顯示胯靠），下弧調襠，重心移於右腿，左腳入勁以前腳掌擦滑地面，畫後弧運至右腳內側，前腳掌虛點地面，雙腳構成不丁不八狀態，八二分成。

周身合住勁，同時一吸即呼，氣沉丹田，眼注視雙手及右下方。（圖10-37）

第五式　單鞭（面向南）

【動作一】接上勢。腰勁向左旋轉，身體螺旋下沉，右轉45°；雙肩鬆開似脫，下塌外碾，右催左領，膻中穴

微內含，心氣與橫膈膜同步沉降；雙手以左手為主，右手為賓。

圖10-38

左手出勁繼續順纏，坐腕翻掌旋轉，借助旋腕轉膀之勁畫下弧運展至身體前約45公分，下折上掤，肘向裡合，高與胸平，手指鬆直向右前下方，掌心向右前偏上；右手入勁繼續順纏，坐腕翻掌旋轉，借助旋腕轉膀之勁畫下弧運合至左前臂內側（右小指肚外側粘黏左前臂），下折上掤，肘微裡合，高與胸平，手指鬆直向右前下方，掌心向上偏內。

同時，鬆右膀、泛左臀，以左前腳掌為軸向外擰轉裡扣，下弧調襠，重心移於左腿（仍以前腳掌點地），六四分成。

周身合中寓開，同時吸氣，氣結中宮，眼注視左手。（圖10-38）

【動作二】接上勢。腰勁一鬆，向右旋轉，身體螺旋下沉，左轉45°；雙肩鬆開似脫，下塌外碾，左催右領，引導諸穴內氣機潛轉，膻中穴微內含，心氣與橫膈膜同步沉降，胸腰由左向右做後下弧運化動作；雙手以右手為主，左手為賓。

右手出勁變為逆纏，翻掌折腕旋轉，借助旋腕轉膀之勁畫外上弧運展至身體右側，上掤下折，肘向裡合，由掌

變為勾手，高與肩平，手指
鬆直合攏向右下方，勾手向
後偏下；左手入勁繼續順
纏，折腕旋轉，借助旋腕轉
膀之勁畫下弧運合至腹臍
前，上折下掤，手指鬆直向
右偏上，掌心向上。

圖10-39

　　同時，鬆左胯、泛右
臀，以左前腳掌為軸，腳跟
向內擰轉扣合，下弧調襠，
重心移於右腿，八二分成，
雙腳形成不丁不八之態勢。

　　周身合住勁，同時呼氣，氣聚中宮，眼注視左方。
（圖10-39）

　　【動作三】接上勢。腰勁向右旋套，身體螺旋下沉；
雙肩鬆開似脫，下塌外碾，左催右領，膻中穴微內含，心
氣與橫膈膜同步沉降，胸腰由左向右做下弧運化動作；雙
手繼續以右手為主，左手為賓。

　　右手出勁繼續逆纏，折腕旋轉，借助旋腕轉膀之勁畫
下弧運展至身體右側上方，外折內掤，肘微裡合，高與肩
平，勾手向右偏下；左手入勁繼續逆纏，折腕旋轉，借助
旋腕轉膀之勁粘黏腹臍畫下弧隨身法向右運轉，上折下
掤，手指鬆直向右偏上，掌心向上。

　　同時，鬆右胯、泛左臀，下弧調襠，重心繼續向右移
動，待左腿將虛未虛之機，小腹關元、中極二穴及時內收
納氣，左腳入勁畫上弧領左膝旋起，高與胯平，小腿鬆垂

圖10-40

圖10-41

直豎，腳底平整，五趾微向內收，湧泉穴含吸地氣之意。

　　周身合住勁，同時吸氣，氣結中宮，眼注視左下方。
（圖10-40）

　　【動作四】接上勢。鬆腰下氣，身體螺旋下沉；雙肩
鬆開似脫，下塌外碾，繼續左催右領，膻中穴微內含，心
氣與橫膈膜同步沉降；雙手以右手為主，左手為賓。

　　右手出勁繼續逆纏，微畫下弧繼續向身體右側上方領
勁，外折內掤，肘向裡合，高與肩平，手指鬆直向右偏
下，掌心向右下方；左手入勁繼續順纏，折腕旋轉，借助
旋腕轉膀之勁繼續粘黏腹臍畫下弧隨身法向右領勁，上折
下掤，手指鬆直向右偏上，掌心向上。

　　同時，鬆左胯、泛右臀，左腳出勁畫下弧向左側出腿
（以自己的一腿長為度），腳尖上翹裡合，腳跟內側擦滑
地面鏟地而出，使濁氣順其腿降至湧泉穴，一吐即納，五
趾一伸即收。

周身合住勁，繼續吸氣，氣結中宮，眼注視左下方。
（圖10-41）

【動作五】接上勢。腰勁一套，向左旋轉，身體螺旋
下沉；雙肩鬆開似脫，下塌外碾，右催左領，引導諸穴內
氣潛轉，膻中穴微內含，心氣與橫膈膜同步沉降，胸腰由
右向左做下弧運化動作；雙手以左手為主，右手為賓。

左手出勁繼續順纏，折腕旋轉，借助旋腕轉膀之勁，
隨身法畫下弧向左領勁，以小指肚外側粘黏腹臍下沿，上
折下掤，手指鬆直向右偏上，掌心向上；右手入勁變為順
纏，折腕旋轉，畫下弧運展至身體右側上方，下折上掤，
肘向裡合，高與肩平，手指鬆直向下，掌心向下。

同時，鬆右胯、泛左臀，下弧調襠，重心移至左腿，
六四分成，左腳尖外擺45°，徐徐落地踏實，五趾及時抓
地；右腳以腳跟為軸，足尖向裡扣合45°，襠部前合後
開。

周身合住勁，同時
呼氣，氣聚中宮，眼注
視左方。（圖10-42）

【動作六】接上
勢。腰勁向右旋套，身
體螺旋下沉；雙肩鬆開
似脫，下塌外碾，並左
催右領，膻中穴微內
含，心氣與橫膈膜同步
沉降，胸腰由左向右做
下弧運化動作；雙手以

圖10-42

圖10-43

右手為主，左手為賓。

　　右手出勁變為逆纏，折腕旋轉，借助旋腕轉膀之勁畫下弧繼續向右側上方領起，外折內掤，肘微裡合，高與肩平，手指鬆直向右偏下，掌心向右偏下；左手入勁變為逆纏，坐腕旋轉，借助旋腕轉膀之勁畫下弧運升至胸前，外掤內折，肘微裡合，手指鬆直向上，掌心向右。

　　同時，鬆左胯、泛右臀，下弧調襠，重心移於右腿，六四分成。

　　周身合住勁，同時吸氣，氣結中宮，眼注視左手。（圖10-43）

　　【動作七】接上勢。腰勁向右旋轉，身體螺旋下沉；雙肩鬆開似脫，下塌外碾，爭衡前捲對拉拔長，膻中穴微內含，牽動往來氣貼背；雙手以左手為主，右手為賓。

　　左手出勁繼續逆纏，翻掌坐腕旋轉，借助旋腕轉膀之勁畫上弧運展至身體左側上方，內折外掤，高與肩平，手

圖10-44

指鬆直向上偏前，掌心向左；右手入勁繼續逆纏，折腕
（勾手）旋轉，借助旋腕轉膀之勁畫下弧繼續向身體右側
上方運展領勁，下折上掤，肘微裡合，高與肩平，手指鬆
直向右下方，掌心向右偏下。

　　同時，鬆右胯、泛左臀，向左上弧調襠，重心移於左
腿，六四分成。

　　周身開中寓合，同時吸氣，氣結中宮，眼注視左手及
左前方。（圖10-44）

　　【動作八】接上勢。腰勁向左旋轉，身體螺旋下沉；
雙肩鬆開似脫，下塌外碾，右催左領，膻中穴微內含，心
氣與橫膈膜同步沉降；雙手以左手為主，右手為賓。

　　左手出勁變為順纏，折腕旋轉，借助旋腕轉膀之勁微
畫上弧旋至身體左前上方，上折下掤，肘向裡合，高與鼻
平，手指鬆直向左，掌心向下偏前；右手入勁變為順纏，
坐腕旋轉，借助旋腕轉膀之勁微畫上弧旋至身體右前上

圖10-45

方，上折下掤，肘向裡合，高與眼平，手指合攏放鬆彎曲
向右前偏下，形成桃形。

　　同時，鬆左胯、泛右臀，下弧調襠，重心移於右腿，
六四分成。

　　周身合住勁，同時呼氣，氣沉丹田，眼注視左前方。
（圖10-45）

第六式　左右搬攔肘（面向南）

　　【動作一】接上勢。腰勁向左旋套，身體螺旋下沉；
雙肩鬆開似脫，下塌外碾，左催右領，引導諸穴內氣機潛
轉，膻中穴微內含，心氣與橫膈膜同步沉降，胸腰由右向
左做上弧運化動作；雙手以左手為主，右手為賓。

　　左手出勁變為逆纏，坐腕旋轉，借助旋腕轉膀之勁畫
上弧繼續向身體左側上方運展，外掤內折，高與眼平，手
指鬆直向上，掌心向左偏前；右手入勁繼續順纏，由勾變

掌坐腕旋轉，借助旋腕轉膀之勁畫上弧運展至身體右側上方，上掤下折，肘向裡合，高與眼平，手指鬆直向右偏上，掌心向左上。

同時，鬆右膀，泛左臀，上弧調襠，重心移於左腿，六四分成。

周身合住勁，同時吸氣，氣結中宮，眼注視右手。（圖10-46）

圖10-46

【動作二】接上勢。腰勁向右旋套，身體螺旋下沉；雙肩鬆開似脫，下塌外碾，內捲裡合，左催右領，膻中穴微內含，心氣與橫膈膜同步沉降，胸腰由左向右做下弧運化動作；雙手以右手為主，左手為賓。

右手出勁變為逆纏，由掌變拳坐腕旋轉，借助旋腕轉膀之勁畫下弧經身體中線運展至右膝上方內側，上掤下折，高與膀平，拳面向前偏左，拳眼向內，拳心向下；左手入勁變為順纏，由掌變拳鬆腕旋轉，借助旋腕轉膀之勁畫下弧經左側運至身體中線前40公分，上掤下折，肘向裡合，高與臍平，拳面向前下方，拳眼向左前方，拳心向右偏上。

同時，鬆左膀、泛右臀，下弧調襠，重心右移，雙腳擰騰向左搓步，六四分成，腰勁向下鬆串，注入腳底，以助腳底之勁上翻傳導。

圖10-47

　　周身合住勁，具有一觸即發之勢，繼續吸氣，氣結中宮，眼注視左前方。（圖10-47）

　　【動作三】接上勢。腰勁向左旋轉，身體螺旋下沉；雙肩鬆開似脫，下塌外碾，前捲裡合，右催左領，膻中穴微內含，牽動往來氣貼背，丹田鼓蕩勃發；雙手以左手為主，右手為賓。

　　左手出勁繼續順纏，直腕旋轉，借助旋腕轉膀之勁畫上弧忽然一抖即鬆，運至身體左側，腕順挺拔，肩順而脫，肘垂裡合，勁貫肘臂間（中節勁），高與胸平，拳面向左，拳眼向後，拳心向上；右手入勁繼續逆纏，坐腕旋轉，借助旋腕轉膀之勁畫上弧忽然一抖即鬆，運至身體中線前35公分，內掤外折，肘微裡合，勁貫腕臂間，高與胸平。

　　同時，鬆右胯、泛左臀，雙腳旋騰向左搓步，重心發在前（左）鬆在後（右），六四分成。

圖10-48

　　周身合住勁，同時呼氣，氣聚中宮，眼注視左手。
（圖10-48）

　　【動作四】接上勢。腰勁向右旋套，身體螺旋下沉；
雙肩鬆開似脫，下塌外碾，左催右領，膻中穴微內含，引
導諸穴內氣機潛轉，心氣與橫膈膜同步沉降，胸腰由左向
右做上弧運化動作；雙手以右手為主，左手為賓。

　　右手出勁繼續逆纏，坐腕旋轉由拳變掌，借助旋腕轉
膀之勁畫上弧運至身體右側上方，上掤下折，肘微裡合，
高與眼平，手指鬆直向上偏內（左），掌心向右；左手出
勁變為順纏，坐腕旋轉由拳變掌，借助旋腕轉膀之勁畫上
弧運至身體左前上方，上掤下折，肘向裡合，高與眼平，
手指鬆直向左偏上，掌心向上。

　　同時，鬆左胯、泛右臀，上弧調襠，重心移於右腿，
六四分成。

　　周身合住勁，同時吸氣，氣結中宮，眼注視右手。

圖10-49

（圖10-49）

【動作五】接上勢。腰勁向左旋套，身體螺旋下沉；雙肩鬆開似脫，下塌外碾，內捲裡合，右催左領，膻中穴微內含，心氣與橫膈膜同步沉降，胸腰由右向左做下弧運化動作；雙手以左手為主，右手為賓。

左手出勁變逆纏，坐腕旋轉由掌變拳，借助旋腕轉膀之勁畫上弧經身體中線運展至左膝上方內側，下掤上折，肘微裡合，高與胯平，拳面向內（右），拳心向下；右手入勁變為順纏，鬆腕旋轉，借助旋腕轉膀之勁畫下弧經身體右側運至身體中線前40公分，上掤下折，肘向裡合，高與臍平，拳面向前下方，拳眼向右上方，拳心向左下方。

同時，鬆右胯、泛左臀，下弧調襠，重心左移，雙腳內旋撐騰向右搓步，六四分成，腰勁向下鬆串，注入腳底，以助腳底之勁上翻傳導。

周身合住勁，具有一觸即發之勢，繼續吸氣，氣結中

圖10-50

圖10-51

宮，眼注視右方。（圖10-50）

【動作六】接上勢。腰勁向右旋套，身體螺旋下沉；雙肩鬆開似脫，下塌外碾，前捲裡合，左催右領，膻中穴微內含，牽動往來氣貼背，丹田鼓蕩勃發；雙手以右手為主，左手為賓。

右手出勁繼續順纏，直腕旋轉，借助旋腕轉膀之勁畫上弧忽然一抖即鬆，運至身體右側，腕順挺拔，肩順而脫，肘垂裡合，勁貫肘臂間（中節勁），高與胸平，拳面向右，拳眼向後，拳心向上；左手入勁繼續逆纏，坐腕旋轉，借助旋腕轉膀之勁畫上弧忽然一抖即鬆，運至身體中線前35公分，內掤外折，肘微裡合，勁貫腕臂間，高與胸平。

同時，鬆左胯，泛右臀，雙腳旋騰向右搓步，重心發在前（右）鬆至後（左），六四分成。

周身合住勁，同時呼氣，氣沉丹田，眼注視右手。（圖10-51）

第七式　護心拳（面向東北）

【動作一】接上勢。腰勁向左旋套，身體螺旋下沉，上體右轉30°；雙肩鬆開似脫，下塌外碾，右催左領，膻中穴微內含，牽動往來氣貼背；雙手以左手為主，右手為賓。

左手出勁變為順纏，折腕旋轉，借助旋腕轉膀之勁畫上弧運展至身體中線前上方40公分，上掤下折，肘向裡合，高與肩平，拳面向右，拳眼向內，拳心向下；右手入勁變為逆纏，折腕旋轉，借助旋腕轉膀之勁向身內畫上弧運至身體右膝上方，上折下掤，肘向裡合，高與胯平，拳面向前偏下，拳眼向右偏上，拳心向內偏上。

同時，鬆右胯、泛左臀，後弧調襠，重心移於右腿，六四分成，腰勁順左腿向下鬆串，注入腳底，以助腳底之勁上翻傳導。

周身合住勁，具有一觸即發之勢，同時吸氣，氣結中宮，眼注右手。（圖10-52）

【動作二】接上勢。丹田鼓盪勃發，腰勁向右螺旋，身體螺旋下沉合住勁，隨腿蹬腰擰，身體螺旋騰起向左轉135°；雙肩鬆開似脫，下塌外碾，內捲裡合，左催右領，膻中穴微內含，心氣與橫膈膜一提即降；雙手以右手為主，左手為賓。

右手出勁變為順纏，折腕旋轉，借助旋腕轉膀之勁畫上弧運展至身體中線前約35公分，忽然一抖即鬆，內折外掤，勁貫前臂，高與肩平，拳面向左偏上，拳眼向上偏右，拳心向內；左手入勁變為順纏，折腕旋轉，借助旋腕

圖10-52

轉膀之勁畫上弧運展至腹前約20公分，忽然一抖即鬆，內折外挪，拳面向右，拳眼向前，拳心向內偏上。

圖10-53

同時，鬆左胯、泛右臀，下弧調襠，重心向右一移，小腹內收，關元與中極二穴共同內斂納氣，沖震命門，下閉穀道，腧口納氣順脊而直上，乘鬆胯圓襠，雙腳先入後出勁分別左先右後旋轉騰起。（圖10-53）

乘其身體向下降落之機，雙腿由入勁變為出勁，雙腳分別左先右後相繼震地有聲；接著，鬆左胯、泛右臀，雙胯爭衡前捲裡合，開膝合髖，雙腿裡纏，十趾抓地，襠部

圖10-54　　　　　　　　圖10-54附圖

撐圓，重心偏右，六四分成。

　　周身合住勁，同時一吸即呼，氣聚中宮，眼注視右拳及前方。（圖10-54、圖10-54附圖）

　　【動作三】接上勢。腎氣滾動，腰隙傳遞，腰勁向右旋轉，身體螺旋下沉；雙肩鬆開似脫，下塌外碾，內捲裡合，左催右領，開背合胸，膻中穴微內含，心氣與橫膈膜同步沉降，丹田鼓蕩勃發；雙手以右手為主，左手為賓。

　　右手出勁變為逆纏、左手入勁繼續逆纏，雙手坐腕旋轉，借助旋腕轉膀之勁畫下弧繼續向身體左右兩側上方微微一展，待其勁至將展未展之機，乘肩部的轉關過節之勁變為順纏，自外向內畫上弧忽然一抖即鬆，右手運展至身體前約45公分，拳面向右上方，拳眼向內，拳心向左上方；左手運合至身體左側上方，拳面向外（左），拳眼向後，拳心向上偏內；雙臂內掤外折，肘向裡合，高與眼平，構成雙手外開、雙腕肘裡合之勢，並含相吸相繫之

圖10-55

意。

　　同時，鬆右胯、泛左臀，下弧調襠，引導雙腿裡纏外纏，雙腳撐騰離地即落震地有聲，右腳出勁向右開步加大底盤，重心仍偏於左腿，六四分成。

　　周身合中寓開，同時呼氣，氣聚中宮，眼注視右方。（圖10-55）

　　【動作四】接上勢。腰勁向左旋轉，身體螺旋下沉，右轉45°；雙肩鬆開似脫，下塌外碾，內捲裡合，右催左領，膻中穴微內含，牽動往來氣貼背；雙手以左手為主，右手為賓。

　　左手出勁繼續順纏，折腕旋轉，借助旋腕轉膀之勁畫上弧運展至身體前約45公分，內折外挪，肘向裡合，高與鼻平（促使左前臂意加挪勁，顯示「寬面肘」法），拳面向上，拳眼向左偏前，拳心向內；右手入勁繼續順纏，折腕旋轉，借助旋腕轉膀之勁畫外下弧運合至右膝外側，上

圖10-56

折下掤，肘向裡合，高與膝平，拳面向右偏前，拳眼向右後方，拳心向上。

同時，鬆右胯、泛左臀，後弧調襠，重心繼續左移，七三分成。

周身合住勁，同時呼氣，氣聚中宮，眼注視左手及前方。（圖10-56）

【動作五】接上勢。腰勁向右旋套，身體螺旋下沉，上體左轉30°；雙肩鬆開似脫，下塌外碾，左催右領，胸腰由左向右做下弧運化動作後開胸合背；雙手以右手為主，左手為賓。

右手出勁繼續順纏，折腕旋轉，借助旋腕轉膀之勁屈肘畫上弧運合至右耳旁，上掤下折，肘向上挑，高與耳平，拳面向內，拳眼向後，拳心向下；左手入勁變為逆纏，折腕旋轉，借助旋腕轉膀之勁屈肘畫內弧運合至腹前，內折外掤，肘微裡合，高與腹臍平，拳面向左，拳眼

圖10-57　　　　　　　　圖10-57附圖

向上，拳心向內。

　　同時，鬆左胯、泛右臀，下弧調襠，重心移於右腿，六四分成。

　　周身合住勁，同時吸氣，氣結中宮，眼注視前方。（圖10-57、圖10-57附圖）

　　【動作六】接上勢。鬆腰下氣，塌住勁，身體螺旋下沉；雙肩鬆開似脫，下塌外碾，前捲裡合，開背合胸，膻中穴微內含，心氣與橫膈膜同步沉降；雙手以右手為主，左手為賓。

　　右手出勁變為逆纏，折腕旋轉，借助旋腕轉膀之勁畫下弧沉降運合至右肩前約10公分，下折上掤，肘微裡合，高與肩平，拳面向左偏下，拳眼向後對準肩窩，與雲門穴含相吸之意，拳心向下；左手入勁繼續逆纏，折腕旋轉，借助旋腕轉膀之勁畫上弧運合至胸腹前，內折外掤，高與腹平，拳面向右，拳眼向上，拳心向內。

圖10-58

圖10-58附圖

　　下肢動作、周身和眼法同上動。（圖10-58、圖10-58附圖）

　　【動作七】接上勢。腎氣橫向滾動，腰隙左右傳遞，腰勁向右旋轉，身體螺旋下沉，上體左轉15°；雙肩鬆開似脫，下塌外碾，內捲裡合，左催右領，膻中穴微內含，心氣與橫膈膜同步沉降；雙手以右手為主，左手為賓。

　　右手出勁變為順纏，折腕旋轉，借助旋腕轉膀之勁畫上弧運展至身體中線前約35公分，外掤內折，高與肩平（勁貫前臂外側，構成「寬面肘」法），拳面向左上偏後，拳眼向上偏右，拳心向內偏右後方；左手入勁變為順纏，折腕旋轉，借助旋腕轉膀之勁畫上弧運展至腹前約15公分，外掤內折，肘微裡合，高與腹平，拳面向右，拳眼向前，拳心向上偏內。

　　下肢動作不變，要注意轉換襠勁，前合後開。

　　周身合住勁，同時呼氣，氣沉丹田，眼注視右手及前

圖10-59

圖10-59附圖

方。（圖10-59、圖10-59附圖）

第八式　斜形拗步（面向東）

【動作一】接上勢。腎氣橫向滾動，腰隙互相傳遞，腰勁螺旋運轉，身體螺旋沉降；雙肩鬆開似脫，下塌外碾，內捲裡合，左旋右轉，互相催領傳遞，膻中穴內含，牽動往來氣貼背；雙手轉換有序，互為主賓。

右手繼續出勁變為逆纏，坐腕旋轉，借助旋腕轉膀之勁畫外上弧運合至左肘外側，內折外掤，高與腹平，手指鬆直向左，掌心向下；左手入勁繼續順纏，折腕旋轉，借助旋腕轉膀之勁畫下弧運合至右肘下，上折下掤，高與腹平，手指鬆直向右偏後，掌心向上，雙手臂右上左下構成斜十字的交叉態勢，外方內圓。

同時，鬆左胯、泛右臀，重心偏右，六四分成。

周身合中寓開，同時吸氣，氣結中宮，眼注視前方。

圖10-60

圖10-60附圖

（圖10-60、圖10-60附圖）

【動作二】接上勢。腰勁向左旋套，身體螺旋下沉；雙肩鬆開似脫，下塌外碾，右催左領，膻中穴微內含，心氣與橫膈膜同步沉降；雙手以左手為主，右手為賓。

左手出勁變為逆纏，折腕旋轉，借助旋腕轉膀之勁畫外下弧運合至腹臍前與右手交叉折疊後，乘肩部的轉關過節繼續逆纏，畫下弧運展至身體左前上方，上掤下折，肘向裡合，高與眼平，手指鬆直向內下方，掌心向下偏內；右手入勁變為逆纏，坐腕旋轉，借助旋腕轉膀之勁畫上弧運合至腹臍前與左手交叉折疊後，乘肩關節的轉關過節變為順纏，畫上弧運展至右膝上方，下掤上折，肘向裡合，高與胯平，手指鬆直向右偏前，掌心向下。

同時，鬆右胯、泛左臀，下弧調襠，重心移於左腿，右腳入勁以前腳掌擦滑地面，畫後弧運至左腳內側，前腳掌虛點地面，雙腳構成不丁不八狀態，八二分成。

圖10-61

圖10-61附圖

周身合住勁，同時一吸即呼，眼注視右前方。（圖10-61、圖10-61附圖）

【動作三】接上勢。腰勁向右旋轉，身體螺旋下沉；雙肩鬆開似脫，下塌外碾，左催右領，膻中穴微內含，心氣與橫膈膜同步沉降；雙手以右手為主，左手為賓。

右手出勁繼續順纏，坐腕翻掌旋轉，借助旋腕轉膀之勁畫上弧運展至右側上方，上掤下折，肘向裡合，高與眼平，手指鬆直向右偏上，掌心向左；左手入勁繼續逆纏，折腕旋轉，借助旋腕轉膀之勁畫內下弧運至左胯外側，外掤內折，肘向裡合，高與胯平，手指鬆直向內，掌心向內。

同時，鬆左胯、泛右臀，左腳五趾抓地，下弧調襠，重心移於左腿，乘左腳踏實之機，襠部前合後開撐圓，小腹內斂，關元、中極二穴共同納氣，沖震命門；右腳入勁畫下弧領動右膝旋起，高與胯平，小腿鬆垂直豎，腳底平

圖10-62

圖10-62附圖

整，五趾微收，湧泉穴虛含吸地氣之意，腰勁順左腿向下鬆串，注入腳底植地生根，以注腳底上翻傳導。

　　周身合住勁，同時吸氣，氣結中宮，眼注視右手。（圖10-62、圖10-62附圖）

　　【動作四】接上勢。腎氣滾動傳遞，腰勁向左旋轉，身體螺旋騰空而起右轉90°；雙肩鬆開似脫，下塌外碾，內捲裡合，左旋右轉，互相催領傳遞，膻中穴微內含，牽動往來氣貼背，丹田鼓蕩勃發；雙手轉換有序，互為主賓。

　　左手出勁變為順纏，坐腕旋轉，借助旋腕轉膀之勁順左側畫下弧運展至身體左側上方，乘肩部的來脈轉關變為逆纏，畫上弧忽然一抖即鬆，運展至身體中線前約40公分，外掤內折，肘向裡合，高與鼻平，手指鬆直向上，掌心向右；右手入勁變為逆纏，坐腕旋轉，借助旋腕轉膀之勁畫下弧經身體中線忽然一抖，運展至身體右側上方，內折外掤，肘微裡合，高與眼平，手指鬆直向前偏上，掌心

圖10-63 　　　　　　圖10-64

向外（右）。

　　同時，鬆右胯、泛左臀，小腹內收，關元與中極二穴共同內斂納氣，沖震命門，下閉穀道，乘鬆胯圓襠左腳先出後入勁，蹬地騰空躍起；隨著轉體90°雙腳分開左前右後；接著，鬆左胯、泛右臀，雙胯爭衡前捲裡合，乘身體與氣機下沉之勢，雙腳右先左後相繼落下，震地雙聲，襠勁前合後開，十指及時抓地，重心偏於右腿，六四分成。

　　周身合住勁，同時一吸即呼，氣聚中宮，眼注左手及前方。（圖10-63、圖10-64）

　　【動作五】接上勢。腰勁向右旋轉，身體螺旋下沉；雙肩鬆開似脫，下塌外碾，左催右領，膻中穴微內含，心氣與橫膈膜同步沉降；雙手以右手為主，左手為賓。

　　右手出勁變為順纏，坐腕旋轉，借助旋腕轉膀之勁畫上弧運展至身體右側上方，前掤後折，肘向裡合，高與肩平，手指鬆直向右偏上，掌心向左；左手入勁繼續逆纏，

折腕旋轉，借助旋腕轉膀
之勁畫下弧運展至左膝上
方，完成「摟膝」動作，
側（外）折內掤，肘向裡
合，手指鬆直向左下方，
掌心向下。

　　同時，鬆左胯、泛右
臀，重心繼續右移，七三
分成。

　　周身合住勁，同時呼
氣，氣聚中宮，眼注視左
手足。（圖10-65）

圖10-65

　　【動作六】接上勢。腰勁向左旋套，身體螺旋下沉；
雙肩鬆開似脫，下塌外碾，右催左領，引導諸穴內氣機潛
轉，膻中穴微內含，心氣與橫膈膜同步沉降，胸腰由右向
左做下弧運化動作；雙手以左手為主，右手為賓。

　　左手出勁變為順纏，由掌變為勾手折腕旋轉，借助旋
腕轉膀之勁順左腿畫下弧運展至身體左前上方約45公分，
上掤下折，肘向裡合，高與嘴平，五指鬆直合攏向下，並
具外三合之勢；右手入勁變為逆纏，坐腕旋轉，借助旋腕
轉膀之勁屈臂合肘畫上弧運合至右頜旁，外折內掤，肘向
裡合，手指鬆直向後上方，掌心向內。

　　同時，鬆右胯、泛左臀，下弧調襠，重心移於左腿，
六四分成。

　　周身合住勁，同時吸氣，氣結中宮，眼注視左手及左
前方。（圖10-66）

圖10-66　　　　　　　　圖10-67

【動作七】接上勢。腎氣滾動，腰勁向右旋轉，身體螺旋下沉，上體左轉45°；雙肩鬆開似脫，下塌外碾，內捲裡合，左催右領，膻中穴微內含，牽動往來氣貼背，背部撐圓；雙手以右手為主，左手為賓。

右手出勁繼續逆纏，坐腕旋轉，借助旋腕轉膀之勁畫下弧推運至左胸前約35公分，內掤外折，肘微裡合，高與肩平，手指鬆直向上，掌心向左，勁貫掌沿；左手入勁變為逆纏，勾手折腕旋轉，借助旋腕轉膀之勁畫下弧向外運展，外折內掤，高與肩平，勾手向左偏下。

同時，鬆左胯、泛右臀，左膝弓度不失。

周身合住勁，同時呼氣，氣聚中宮，眼注視右手及前方。（圖10-67）

【動作八】接上勢。腰勁向左旋轉，身體螺旋下沉，右轉45°；雙肩鬆開似脫，下塌外碾，內捲裡合，右催左領，膻中穴微內含，心氣與橫膈膜同步沉降；雙手以左手

為主，右手為賓。

左手出勁繼續逆纏，勾手折腕旋轉，借助旋腕轉膀之勁畫下弧繼續向身體左側上方領勁，外折內掤，略高於肩，掌心向左偏下；右手入勁繼續逆纏，坐腕旋轉，借助旋腕轉膀之勁畫上弧運展至身體右前上方，內折外掤，略高於肩，手指鬆直向右上方，掌心向下。

同時，鬆右胯、泛左臀，後下弧調襠，重心在左腿，六四分成。

周身開中寓合，同時吸氣，氣結中宮，眼注視右手及右前方。（圖10–68）

【動作九】接上勢。腰勁向左旋轉，雙腿螺旋下沉；雙肩鬆開似脫，內捲裡合，下塌外碾，左催右領，膻中穴微內含，心氣與橫膈膜同步沉降；雙手以右手為主，左手為賓。

右手出勁變為順纏，坐腕旋轉，借助旋腕轉膀之勁畫上弧纏繞小半圈，下掤上折，肘微裡合，高與肩平，手指鬆直向右前上方，勁貫中指肚，掌心向下偏前；左手入勁變為順纏，順（直）腕旋轉，借助旋腕轉膀之勁畫上弧向身體左前上方纏繞放鬆，上折下掤，肘微裡合，高與肩平，手指放鬆形成「桃形」，掌心向右偏下。

同時，鬆左胯、泛右臀，左膝蓋弓度不失，下弧調襠。

周身合住勁，同時呼氣，氣沉丹田，眼注視左前方。（圖10–69）

| 圖10-68 | 圖10-69 |

第九式　煞腰壓肘（面向東南）

【動作一】接上勢。腰勁向右旋套，身體螺旋下沉，右轉45°；雙肩鬆開似脫，下塌外碾，左催右領，引導諸穴內氣機潛轉，胸腰由左向右做上弧運化動作，膻中穴微內含，牽動往來氣貼背；雙手以右手為主，左手為賓。

右手出勁變為逆纏，坐腕旋轉，借助旋腕轉膀之勁畫上弧運展至身體右前上方，上掤下折，肘微裡合，高與眼平，手指鬆直向上，掌心向右（外）；左手入勁繼續順纏，由勾手變掌坐腕旋轉，借助旋腕轉膀之勁畫上弧運展至身體左前上方，上掤下折，肘向裡合，高與眼平，手指鬆直向外（左），掌心向上。

同時，鬆左胯、泛右臀，上弧調襠，重心右移，六四分成。

周身合住勁，同時吸氣，氣結中宮，眼注視右手及右

方。（圖10-70）

【動作二】接上勢，腰
勁一鬆向左旋套，身體螺旋
沉降；雙肩鬆開似脫，下塌
外碾，前捲裡合，右催左
領，引導胸腰自右向左做下
弧運化動作，膻中穴微內
含，牽動往來氣貼背；雙手
以左手為主，右手為賓。

圖10-70

左手出勁變為逆纏，由
掌變拳坐腕旋轉，借助旋腕
轉膀之勁畫下弧運至左膝上方外側，肘微裡合，高與胯
平，拳面向內（右），拳眼向後，拳心向下；右手入勁變
為順纏，由掌變拳坐腕旋轉，借助旋腕轉膀之勁屈肘畫下
弧運合至小腹前約25公分，肘向裡合，高與胯平，拳面向
右，拳眼向上，拳心向左下。

同時，鬆右胯、泛左臀，下弧調襠，重心移於左腿，
六四分成，腰勁順腹股溝向下鬆串，注入腳底植地生根，
以助腳底之勁上翻傳導。

周身合住勁，具有一觸即發之勢，繼續吸氣，氣結中
宮，眼注視右下方。（圖10-71）

【動作三】接上勢。腎氣滾動傳遞，腰勁向左旋轉，
身體螺旋沉降，右轉45°；雙肩鬆開似脫，下塌外碾，內
捲裡合，右催左領，膻中穴微內含，心氣與橫膈膜同步沉
降，丹田鼓蕩勃發；雙手以左手為主，右手為賓。

左手出勁變為順纏，折腕旋轉，借助旋腕轉膀之勁畫

圖10-71

圖10-72

下弧忽然一抖即鬆，運至身體左側上方，內折外掤，肘向
裡合，高與耳平，拳面向上，拳眼向後，拳心向內
（右）；右手入勁繼續順纏，折腕旋轉，借助旋腕轉膀之
勁經胸前畫上弧忽然一抖即鬆，運至右胯外側，勁貫右前
臂，上折下掤，肘向裡合，高與胯平，拳面向右偏前，拳
眼向右後方，拳心向上。

　　同時，鬆右胯、泛左臀，雙腳左前右後旋騰搓步，重
心仍在左，六四分成。

　　周身合住勁，同時呼氣，氣沉丹田，眼注視右前方。
（圖10-72）

第十式　井攬直入（面向西北）

　　【動作一】接上勢。腰勁一鬆，向右旋套，身體螺旋
沉降，左轉45°；雙肩鬆開似脫，下塌外碾，內捲裡合，
左催右領，膻中穴微內含，心氣與橫膈膜同步沉降，丹田

圖10-73

圖10-74

鼓蕩勃發；雙手以右手為主，左手為賓。

　　雙手入勁變為逆纏，折腕旋轉，借助旋腕轉膀之勁合臂屈肘畫上弧運至胸前，乘肩部的轉關過節，變為雙順纏畫下弧忽然一抖即鬆，運至腹前約25公分，雙拳右前左後，拳面向前下方，拳眼向內相對，拳心向下。

　　同時，鬆右胯、泛左臀，雙腳左把右蹬一氣呵成，重心仍在左，六四分成。

　　周身合住勁，同時一吸即呼，氣聚中宮，眼注視右手及前下方。（圖10-73、圖10-74）

　　【動作二】接上勢。腎氣橫向立圓滾動，雙腰隙左旋右轉，互相催領傳遞，腰勁欲右先左旋轉，身體螺旋沉降，右轉90°；雙肩鬆開似脫，下塌外碾，左旋右轉，互為催領傳遞，引導諸穴內氣機潛轉，膻中穴微內含，胸腰先由右向左畫下弧，後自左向右畫上弧做運化動作，牽動往來氣貼背，丹田鼓蕩勃發；雙手以右手為主，左手為

賓。

　　右手出勁先逆纏而後順纏，由拳變掌，坐腕旋轉，借助旋腕轉膀之勁自腹前繞小半圈後，經胸前畫上弧忽然一抖即鬆，運展至身體右側上方約50公分，上折下掤，肘向裡合，手指鬆直向右偏上，掌心向右下方；左手入勁先逆纏而後順纏，由拳變掌，坐腕旋轉，借助旋

圖10–75

腕轉膀之勁畫下弧繼續向身體左側上方外展，乘左手臂運至將展未展之機，借助肩部的轉關過節，再度變為逆纏，自外向內屈肘彎臂畫上弧忽然一抖即鬆，合至左耳旁，外折內掤，肘向裡合，高與耳平，手指鬆直向上，掌心向右前方。

　　同時，鬆左胯、泛右臀，下弧調襠，重心向右腿一移，右腳以跟為軸，腳尖及時向外擺動90°，隨著上弧調襠，雙腳前把後蹬，重心發至前（右）鬆於後（左），六四分成。

　　周身合住勁，同時呼氣，氣聚中宮，眼注視右手及前方。（圖10–75）

　　【動作三】接上勢。腰部鬆塌，花腰勁運行，身體螺旋沉降，右轉90°；雙肩鬆開似脫，下塌外碾，前捲裡合，右催左領，膻中穴微內含，心氣與橫膈膜同步沉降；雙手以左手為主，右手為賓。

　　左手出勁繼續逆纏，折腕旋轉，借助旋腕轉膀之勁畫

上弧運展至身體左側下方，內掤外折，肘向裡合，高與膝平，手指鬆直向下偏左，掌心向下；右手入勁繼續順纏，折腕旋轉，借助旋腕轉膀之勁畫下弧運合至左臂腋下，上掤下折，肘微裡合，高與胸平，手指鬆直向左下方，掌心向下。

同時，鬆左胯、泛右臀，上弧調襠，乘重心全部移至右腿、待左腿移虛之機，前襠勁及時扣合，小腹關元、中極二穴共同向內收斂納氣，沖震命門，左腳以先入後出勁畫上弧經右腿內側運至右腳左前方約40公分，重心偏於右腿，左腳大趾領勁內扣點地，八二分成。

周身開中寓合，同時吸氣，氣結中宮，眼注視左手足及左前下方。（圖10-76）

【動作四】接上勢。腎氣滾動傳遞，腰勁向左旋轉，身體螺旋沉降，右轉45°；雙肩鬆開似脫，下塌外碾，內捲裡合，右催左領，膻中穴微內含，牽動往來氣貼背，丹田鼓蕩勃發；雙手以左手為主，右手為賓。

左手出勁變為順纏，坐腕旋轉，借助旋腕轉膀之勁畫下弧忽然一抖即鬆，運合至左胯外側，上掤下折，肘向裡合，高與胯平，手指鬆直向下，掌心向裡；右手入勁繼續逆纏，坐腕旋轉，借助旋腕轉膀之勁畫上弧忽然一抖即鬆，運至身體右側上方約45公分，外掤內折，肘向裡合，高與眼平，手指鬆直向上偏左，掌心向外。

同時，鬆右胯、泛左臀，雙腿腳出勁，以雙腳前掌為軸，雙腳跟同向左後方震步有聲，後弧調襠，重心移於左腿，六四分成。

周身合住勁，同時呼氣，氣沉丹田，眼注視右手。（圖10-77）

圖10-76

圖10-77

第十一式　風掃梅花（面向南）

【動作一】接上勢。腎氣滾動，腰隙互相傳遞，腰勁旋轉，身體螺旋沉降，右轉90°；雙肩鬆開似脫，下塌外碾，前捲裡合，右催左領，膻中穴微內含，牽動往來氣貼背；雙手以左手為主，右手為賓。

左手出勁繼續順纏，坐腕旋轉，借助旋腕轉膀之勁畫下弧運展至身體左側下方，內掤外折，高與腹平，手指鬆直向左偏下，掌心向左前方；右手入勁繼續逆纏，坐腕旋轉，借助旋腕轉膀之勁畫上弧運展至身體右側上方，內折外掤，肘微裡合，高與眼平，手指鬆直向上，掌心向右前方。

同時，鬆左胯、泛右臀，襠勁前合後開，後弧調襠，重心移於右腿，左腳以先入後出勁，自左向右畫外弧運扣至右腳外側約30公分，腳尖上翹裡合，以腳跟虛點地面，

圖10-78

重心至右，八二分成。

　　周身合中寓開，同時吸氣，氣結中宮，眼注視右手及前方。（圖10-78）

　　【動作二】接上勢。腰勁左旋，身體螺旋沉降，右轉90°；雙肩鬆開似脫，下塌外碾，前捲裡合，右催左領，膻中穴微內含，心氣與橫膈膜同步沉降；雙手以左手為主，右手為賓。

　　左手出勁繼續順纏，坐腕旋轉，借助旋腕轉膀之勁畫下弧繼續向身體左側外展，上掤下折，肘向裡合，高與肋平，手指鬆直向左，掌心向前；右手入勁繼續逆纏，坐腕旋轉，借助旋腕轉膀之勁畫上弧繼續向身體右側上方外展，內折外掤，肘微裡合，高與眼平，手指鬆直向右上方，掌心向右下方。

　　同時，鬆右胯、泛左臀，後弧調襠，左腳前掌落地，重心移於左腿，八二分成。

圖10-79

周身上開下合，同時呼氣，氣沉丹田，眼注視前方。
（圖10-79）

第十二式　金剛搗碓（面向南）

【動作一】接上勢。腎氣滾動傳遞，腰勁向左旋套，
身體螺旋下沉；雙肩鬆開似脫，下塌外碾，左旋右轉，膻
中穴微內含，心氣與橫膈膜同步沉降；雙手轉換有序，互
為主賓。

左手先出後入勁變為逆纏，坐腕旋轉，借助旋腕轉膀
之勁先畫下弧向身體左側上方運展至與肩平時變為順纏，
屈肘畫上弧經左肩前運合至身體前上方時再度變為逆纏，
運落至右肘上（以四指肚粘黏於肘部彎曲處），上掤下
折，肘微裡合，高與胸平，手指鬆直向右偏下，掌心向
下；右手先入後出勁變為順纏，坐腕旋轉，借助旋腕轉膀
之勁先畫上弧向身體右後側運展，而後畫內下弧經右膝上

圖10-80　　　　　　　　圖10-81

方運展至身體前約40公分，上掤下折，肘向裡合，高與胸平，手指鬆直向前偏下，掌心向前偏上。

　　同時，鬆右胯、泛左臀，後下弧調襠，重心移於左腿，右腳以先入後出勁自右向左畫外弧經左腳內側運展至左腳前約30公分，前腳掌虛點地面，雙腳跟對直在一條分隔號上。

　　周身合住勁，同時一吸即呼，氣聚中宮，眼注視右手及前方。（圖10-80）

　　【動作二】接上勢。與第二式金剛搗碓動作十一相同，參見圖10-14。

　　【動作三】接上勢。與第二式金剛搗碓動作十二相同，參見圖10-15。

　　【動作四】接上勢。與第二式金剛搗碓動作十三相同。（圖10-81）

第十三式　披身捶（面向南）

【動作一】接上勢。腰勁向左旋轉，身體螺旋下沉，右轉30°；雙肩鬆開似脫，下塌外碾，內捲裡合，左領右催，膻中穴微內含，心氣與橫膈膜同步沉降；雙手以左手為主，右手為賓。

雙手左出右入勁繼續雙順纏，自腹前折腕旋轉，借助旋腕轉膀之勁畫下弧運展至右膝上方，上折下掤，雙肘裡合，高與腹平，左手指鬆直向右偏前，掌心向上；右拳面向右前方，拳眼向右微偏上，拳心向上偏內。

同時，鬆右胯、泛左臀，後下弧調襠，重心繼續左移，七三分成。

周身合住勁，同時吸氣，氣結中宮，眼注視雙手及右下方。（圖10-82）

【動作二】接上勢。腎氣滾動，互為傳遞，腰勁向右旋轉，身體螺旋下沉，上體左轉30°；雙肩鬆開似脫，下塌外碾，內捲裡合，右領左催，膻中穴微內含，心氣與橫膈膜同步沉降；雙手以右手為主，左手為賓。

雙手右出左入勁變為雙逆纏，折腕旋轉，借助旋腕轉膀之勁畫下弧運合至腹前，上折下掤，高與腹平，還原「金剛搗碓」狀態。

圖10-82

圖10-83　　　　　　　　圖10-84

同時，鬆右胯、泛左臀，後下弧調襠，重心微向右移，仍然偏左，六四分成。

周身合住勁，同時呼氣，氣聚中宮，眼注視前方。（圖10-83）

【動作三】接上勢。虛領頂勁，中氣潛轉，引動腦後脖頸兩條大筋鬆緊有序，腰勁一鬆，向左旋套，身體螺旋下沉；雙肩鬆開似脫，下塌外碾，前捲裡合，並含爭衡對拉拔長之意，膻中穴微內含，牽動往來氣貼背；雙手以左手為主，右手為賓。

雙手左出右入勁繼續雙逆纏，右拳變掌與左手折腕旋轉，借助旋腕轉膀之勁分別向左右兩側畫下弧運展至兩膝上方，內折外掤，肘向裡合，高與胯平，手指鬆直向內，掌心向內相對，含相吸之意。

同時，鬆右胯、泛左臀，引虛右腳出勁向右側開小半步，腳尖上翹裡合，以腳跟內側鏟地而出，構成四肢對拉

圖10-85

拔長的雙開勁。

周身開中寓合，同時吸氣，氣結中宮，眼注視右下方。（圖10-84）

【動作四】接上勢。腰勁向右旋套，身體螺旋下沉；雙肩鬆開似脫，下塌外碾，爭衡對拉拔長；開胸合背；雙手以右手為主，左手為賓。

右手出勁左手入勁變為雙順纏，坐腕旋轉，借助旋腕轉膀之勁畫下弧運展至身體兩側上方，上掤下折，肘向裡合，高與肩平，手指鬆直向右左兩側，掌心向上。

同時，鬆左胯、泛右臀，上弧調襠，重心移於右腿，右腳尖落地踏實，五趾及時抓地。

周身繼續開中寓合，同時吸氣，氣結中宮，眼注視右手。（圖10-85）

【動作五】接上勢。鬆腰下氣，腰勁繼續向右旋套，身體螺旋下沉；雙肩鬆開似脫，下塌外碾，內捲裡合，左

圖10-86

催右領，開背合胸，膻中穴微內含，心氣與橫膈膜同步沉降；雙手以右手為主，左手為賓。

雙手右出左入勁變為雙逆纏，坐腕旋轉，借助旋腕轉膀之勁向身內畫上弧運合至身體前約35公分，左手在外、右手在內粘黏交叉折疊，內折外掤，肘向裡合，高與嘴平，手指鬆直向上，雙手背相對，含相吸之意。

同時，鬆左胯、泛右臀，上弧調襠，重心仍然右移，六四分成。

周身合中寓開，同時呼氣，氣聚中宮，眼注視雙手及前方。（圖10-86）

【動作六】接上勢。腎氣滾動，腰勁向右旋轉，身體螺旋下沉，上體左轉30°；雙肩鬆開似脫，下塌外碾，左催右領，膻中穴微內含，心氣與橫膈膜同步沉降；雙手以右手為主，左手為賓。

右手出勁左手入勁繼續雙逆纏，折腕旋轉，借助旋腕

圖10-87

轉膀之勁由掌變拳畫下弧旋纏至左胸前約35公分，雙腕仍然十字粘黏交叉，內掤外折，肘微裡合，高與胸平，右拳面向左偏下，拳眼向左後下方，拳心向前下方；左拳面向右上方，拳眼向內，拳心向右上方。

同時，鬆右膀、泛左臀，下弧調襠，重心移於左腿，六四分成。

周身合中寓開，同時吸氣，氣結中宮，眼注視雙手及左下方。（圖10-87）

【動作七】接上勢。腎氣滾動，腰勁螺旋轉動，身體螺旋下沉，上體右轉30°；雙肩鬆開似脫，下塌外碾，內捲裡合，左旋右轉，引導肩井、雲門、極泉、曲池、曲澤、內關等諸穴內氣機潛轉，膻中穴微內含，牽動往來氣貼背；雙手以右手為主，左手為賓。

右手出勁左手入勁變為雙順纏，折腕旋轉，借助旋腕轉膀之勁畫內上弧運掤至胸前約35公分，內折外掤，肘微

圖10-88

裡合，高與胸平，右拳面向左偏上，拳眼向右上方，拳心
向內；左拳面向右，拳眼向上，拳心向內。雙手相距一拳
之隔，並含相吸相繫之意，合住勁，雙手腕外側距約30公
分，不可越界，否則，勁散而不聚。

　　同時，鬆右胯、泛左臀，後弧調襠，重心移於右腿，
六四分成。

　　周身合住勁，同時呼氣，氣聚中宮，眼注視雙手及前
方。（圖10-88）

　　【動作八】接上勢。腎氣滾動，腰隙傳遞，腰勁向右
旋轉，身體螺旋下沉；雙肩鬆開似脫，下塌外碾，左催右
領，引導諸穴內氣機潛轉，膻中穴微內含，心氣與橫膈膜
同步沉降，丹田鼓蕩勃發；雙手以右手為主，左手為賓。

　　右手出勁變為逆纏，折腕旋轉，借助旋腕轉膀之勁畫
下弧運展至身體右前上方，乘肩肘部的轉關過氣（節）變
為順纏，忽然一抖即鬆，向身內畫上弧運展至身體前約45

圖10-89

圖10-90

公分，由折變坐，外折內掤，肘向裡合，高與眼平，拳面向右上方，拳眼向後，拳心向內（左）偏上；左手入勁變為逆纏，折腕旋轉，借助旋腕轉膀之勁畫下弧運展至身體左側上方，乘肩肘部的轉關過節變為順纏，忽然一抖即鬆，畫上弧運展至身體左側上方，內掤外折，肘向裡合，高與肩平，拳面向左偏上，拳眼向上偏內，拳心向前，構成雙手外開，雙腕肘裡合之勢，並含相吸相繫之意。

　　同時，鬆右胯、泛左臀，上弧調襠，引導雙腿裡纏外繃，雙腳撐騰離地即落震地有聲，重心移於左腿，六四分成。

　　周身合中寓開，同時呼氣，氣結中宮，眼注視右方。（圖10-89、圖10-90）

　　【動作九】接上勢。腎氣滾動，腰勁向左旋轉，身體螺旋下沉，上體右轉45°；雙肩鬆開似脫，下塌外碾，右催左領，膻中穴微內含，心氣與橫膈膜同步沉降；雙手以

左手為主，右手為賓。

　　左手出勁繼續順纏，折腕旋轉，借助旋腕轉膀之勁畫外上弧運展至身體前上方約45公分，內折外掤，肘向裡合，高與肩平，拳面向右，拳眼向左上方，拳心向內；右手入勁繼續順纏，折腕旋轉，借助旋腕轉膀之勁畫上弧運展至右膝外側，上折下掤，肘向裡合，高與膝

圖10-91

平，拳面向右前方，拳眼向右偏後，拳心向上。

　　同時，鬆右胯、泛左臀，後弧調襠，重心繼續左移，七三分成。

　　周身合住勁，同時呼氣，氣聚中宮，眼注視右前方。（圖10-91）

　　【動作十】接上勢。腰勁向左旋轉，身體螺旋下沉；雙肩鬆開似脫，下塌外碾，左催右領，引導諸穴內氣機潛轉，膻中穴微內含，心氣與橫膈膜同步沉降；雙手以右手為主，左手為賓。

　　右手出勁變為逆纏，折腕旋轉，借助旋腕轉膀之勁畫外上弧運展至右膝內側前上方，上掤下折，肘微裡合，高與胸平，拳面向右偏下，拳眼向左下方，拳心向後下方；左手入勁變為逆纏，折腕旋轉，借助旋腕轉膀之勁畫上弧運展至腹臍前，上折下掤，高與腹平，拳面向右，拳眼向前，拳心向上。

圖10-92

同時，鬆左胯、泛右臀，後弧調襠，重心移於右腿，六四分成。

周身合住勁，同時吸氣，氣結中宮，眼注視右手及右前方。（圖10-92）

【動作十一】接上勢。腰勁向右旋轉，身體螺旋下沉，上體左轉45°；雙肩鬆開似脫，下塌外碾，內捲裡合，左催右領，膻中穴微內含，牽動往來氣貼背；雙手以右手為主，左手為賓。

右手出勁變為順纏，折腕旋轉，借助旋腕轉膀之勁畫下弧運展至身體前約45公分，順直無偏，肘向裡合，高與膀平，拳面向左，拳眼向上，拳心向內（後），右手與左腳尖合住勁；左手入勁變為順纏，折腕旋轉，借助旋腕轉膀之勁畫上弧向身內擰旋圈合至腹前，上折下掤，肘微裡合，高與腹平，拳面向右，拳眼向前，拳心向上。

同時，鬆左胯、泛右臀，前襠扣合，後襠撐開，重心

仍偏於右腿，六四分成。

　　周身合住勁，同時吸氣，氣結中宮，眼注視右手及左方。（圖10–93）

　　【動作十二】接上勢。腰勁向左旋轉，身體螺旋下沉，上體右轉45°；雙肩鬆開似脫，下塌外碾，右催左領，膻中穴微內含，心氣與橫膈膜同步沉降；雙手以左手為主，右手為賓。

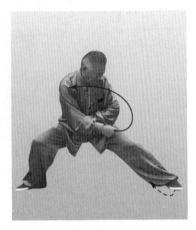

圖10–93

　　左手出勁變為逆纏，坐腕旋轉，借助旋腕轉膀之勁粘黏腹部畫上弧撐轉運至左腹前，上折下掤，肘向裡合，高與腹平，拳面向上，拳眼向左，拳心向內；右手入勁變為逆纏，坐腕旋轉，借助旋腕轉膀之勁經身前畫上弧披身運展至身體右前上方約20公分，外掤內折，高與眼平，拳面向左，拳心向下。

　　同時，鬆左胯、泛右臀，襠勁繼續向右放鬆貫穿，左腿向左留著勁，以腳跟為軸，腳尖向內扣合15°，重心仍偏於右腿，六四分成。促使右拳、左肘尖與腳尖披身拉成一條無形的斜線，形成清氣上升、濁氣下降之勢。

　　周身合住勁，同時呼氣，氣沉丹田，眼注視左肘和左足尖。（圖10–94）

第十四式　撇身捶（面向東南）

　　【動作一】接上勢。腎氣橫向滾動，腰隙互相傳遞，

圖10-94　　　　　　圖10-95

身體螺旋沉降，身體左轉45°；雙肩鬆開似脫，下塌外碾，內捲裡合，左旋右轉，互相催領傳遞，膻中穴微內含，牽動往來氣貼背；雙手轉換有序，互為主賓。

　　右手先出後入勁繼續逆纏，坐腕旋轉，借助旋腕轉膀之勁欲左先右畫外上弧運合至左肘外側，內折外掤，肘微裡合，高與腹平，拳面向左，拳眼向內，拳心向下；左手先入後出勁變為順纏，折腕旋轉，借助旋腕轉膀之勁欲右先左畫內下弧運合至右肘下，氣聚軸腕，上折下掤，肘微裡合，高與胯平，拳面向右，拳眼向外，拳心向上。

　　同時，鬆左胯、泛右臀，雙腳一旋向左搓步，重心仍在右，六四分成，腰勁順腹股溝向下鬆串，注入腳底植地生根，以助腳底之勁上翻傳導。

　　周身合住勁，具有一觸即發之勢，同時吸氣，氣結中宮，眼注視左方。（圖10-95）

　　【動作二】接上勢。腰勁向左旋套，身體螺旋沉降；

雙肩鬆開似脫，下塌外碾，前捲裡合，右催左領，引導諸穴內氣機潛轉，膻中穴微內含，心氣與橫膈膜同步沉降，丹田鼓蕩勃發；雙手以左手為主，右手為賓。

圖10-96

左手出勁逆纏，折腕旋轉，借助旋腕轉膀之勁畫上弧忽然一抖即鬆，運展至身體左側上方，上掤下折，肘向裡合，高與眼平，拳面向左，拳眼向後，拳心向上；右手入勁繼續逆纏，坐腕旋轉，借助旋腕轉膀之勁畫上弧忽然一抖即鬆，運展至身體右側下方，上折下掤，肘微裡合，高與肋平，拳面向右，拳眼向右前方，拳心向下。

同時，鬆右胯、泛左臀，左腳扒、右腳蹬，重心發在前（左）鬆在後（右），六四分成。

周身開中寓合，同時呼氣，氣沉丹田，眼注視左手及前方。（圖10-96）

第十五式　斬手（面向東）

【動作一】接上勢。腎氣立圓滾動，腰隙左右傳遞，腰勁向左旋套，身體螺旋沉降，左轉45°；雙肩鬆開似脫，下塌外碾，右催左領，膻中穴微內含，引導胸腰自右向左做上弧運化動作；雙手以左手為主，右手為賓。

左手出勁變繼續逆纏，坐腕旋轉，借助旋腕轉膀之勁

畫上弧運展至身體前上方約45公分，外掤內折，肘微裡合，高與眼平，拳面向右，拳眼向下，拳心向外；右手入勁繼續逆纏，坐腕旋轉，借助旋腕轉膀之勁經胸前畫上弧運展至身體前約35公分，內折外掤，肘向裡合，高與

圖10-97

肩平，拳面向上，拳眼向左，拳心向外。

　　同時，鬆右胯、泛左臀，上弧調襠，重心移於左腿，六四分成。

　　周身合住勁，同時吸氣，氣結中宮，眼注視雙手及前方。（圖10-97）

　　【動作二】接上勢。腎氣滾動，雙腰隙左旋右轉，互相傳遞，腰勁向右旋轉，身體螺旋沉降，上體右轉45°；雙肩鬆開似脫，下塌外碾，內捲裡合，左催右領，膻中穴內含，牽動往來氣貼背，胸腰由左向右做下弧運化動作；雙手以右手為主，左手為賓。

　　右手出勁繼續逆纏，坐腕旋轉，借助旋腕轉膀之勁畫下弧經胸腹前運合至右膝內側，上折下掤，肘向裡合，高與胯平，拳面向前，拳眼向內，拳心向下；左手入勁變為順纏，坐腕旋轉，借助旋腕轉膀之勁畫下弧運合至腹前約20公分，上折下掤，肘向裡合，高與胯平，拳面向左，拳眼向上，拳心向右。

圖10-98

同時，鬆左胯、泛右臀，下弧調襠，重心移於右腿，六四分成，構成下捋勢。

周身合中寓開，具有一觸即發之勢，繼續吸氣，氣結中宮，眼注視左側方。（圖10-98）

【動作三】接上勢。腎氣滾動，腰勁向右旋轉，身體螺旋沉降，上體左轉45°；雙肩鬆開似脫，下塌外碾，內捲裡合，左旋右轉，膻中穴微內含，心氣與橫膈膜同步沉降，胸腰由右向左做上弧運化動作，丹田鼓蕩勃發；雙手轉換有序，互為主賓。

左手先出後入勁繼續順纏，由拳變掌折腕旋轉，借助旋腕轉膀之勁畫上弧經身體左側忽然一抖即鬆，運展至身體前約45公分，內折外掤，肘向裡合，高與鼻平，手指鬆直向內偏上，掌心向內；右手先入後出勁變為順纏，坐腕旋轉，借助旋腕轉膀之勁畫下弧運展至身體右側上方，高與眼平，乘肩部的轉關過節變為逆纏，畫上弧忽然一抖即

圖10-99

鬆，運展至身體前上方約35公分，再度變順纏落點，內折外掤，肘微裡合，高與眼平，拳面向前，拳眼向上，拳心向左，雙手前後對應，含有相吸相繫之意。

同時，鬆右胯、泛左臀，左腳以跟為軸外擺90°，上弧調襠，重心發於前（左）鬆之後（右），六四分成。

周身合住勁，同時呼氣，氣聚中宮，眼注視雙手及前方。（圖10-99）

【動作四】接上勢。腰勁一鬆，身體微微螺旋上升，雙肩鬆開似脫，下塌外碾，內捲裡合，右催左領，膻中穴微內含，心氣與橫膈膜同步沉降；雙手以左手為主，右手為賓。

左手出勁繼續順纏，折腕旋轉，借助旋腕轉膀之勁自身體前上方微畫上弧領著勁，外掤內折，肘向裡合，高與鼻平，手指鬆直向內，掌心向內；右手入勁變為逆纏，折腕旋轉，借助旋腕轉膀之勁畫下弧自身體前上方領著勁，上掤下折，肘微裡合，高與頭平，拳面向前，拳眼向左偏

圖10-100

上，拳心向下，雙手相吸相繫，有一觸即發之勢。

　　同時，鬆左胯、泛右臀，上弧調襠，重心移於左腿，乘右腿引至將虛未虛之機，小腹內收，關元與中極二穴共同內斂納氣，沖震命門，右腳入勁畫上弧旋膝而起，高與胯平，小腿鬆垂直豎，腳底平整，五趾微收，湧泉穴含吸地氣之意，腰勁順左腿向下鬆串，注入腳底，以助腳底之勁上翻傳導。

　　周身合住勁，具有一觸即發之勢，同時吸氣，氣結中宮，眼注視左手及前方。（圖10-100）

　　【動作五】接上勢。鬆腰下氣，身體螺旋沉降，丹田勃發鼓蕩；雙肩鬆開似脫，下塌外碾，內捲裡合，膻中穴微內含，心氣與橫膈膜同步沉降；雙手以右手為主，左手為賓。

　　右手出勁左手入勁變為雙逆纏，折腕旋轉，借助旋腕轉膀之勁畫上弧忽然一抖即鬆，拳掌合擊運至身體前上方約35公分，拳（右）面向前，拳眼向上，拳心向左；左手

圖10-101

指鬆直向右，掌心向內。

同時，鬆右胯、泛左臀，右腳一出即入勁，順左腿內側向下鬆沉震地有聲，襠勁後開前合，重心仍偏於左腿，六四分成。

周身合中寓開，同時呼氣，氣沉丹田，眼注視前方及雙手。（圖10-101）

第十六式　翻花舞袖（面向東）

【動作一】接上勢。腎氣螺旋滾動，腰勁向左旋轉，身體螺旋沉降，上體右轉45°；雙肩鬆開似脫，下塌外碾，前捲裡合，右催左領，引導諸穴內氣潛轉，膻中穴微內含，心氣與橫膈膜同步沉降；雙手以左手為主，右手為賓。

左手出勁變為順纏，坐腕旋轉，借助旋腕轉膀之勁畫上弧運展至身體前約45公分，上掤下折，肘向裡合，高與眼平，手指鬆直向前，掌心向上；右手入勁變為順纏，坐

腕旋轉，借助旋腕轉膀之勁畫下弧運至左臂內側，小指根部粘黏前臂內側上端，上掤下折，肘向裡合，高與肩平，拳面向前，拳眼向上，拳心向左。

同時，鬆左胯、泛右臀，後弧調襠，重心右移，六四分成。

周身合住勁，具有一觸即發之勢，同時吸氣，氣結中宮，眼注視左手及前方。（圖10-102）

【動作二】接上勢。腎氣縱向立圓滾動，雙腰隙互相傳遞旋轉，引導前任（脈）後督（脈）正常運行，腰勁向右螺旋運轉，身體螺旋沉降，左轉45°；雙肩鬆開似脫，下塌外碾，左催右領，引導胸腰自左向右做下弧運化動作；雙手以右手為主，左手為賓。

右手出勁變為逆纏，由拳變掌，坐腕旋轉，借助旋腕轉膀之勁畫下弧運展至身體右側下方，上折下掤，肘向裡合，高與胯平，手指鬆直向右下方，掌心向左；左手入勁變為逆纏，坐腕旋轉，借助旋腕轉膀之勁畫上弧運展至身體左側上方，上折下掤，肘微裡合，高與頭平，手指鬆直向上，掌心向外。

同時，鬆右胯、泛左臀，後弧調襠，重心移至右腿，左腳入勁，小腹內收，關元與中極二穴共同內斂納氣，沖震命門，領膝旋起，高與胯平，小腿鬆垂直豎，腳底平整，五趾微向內收，湧泉穴虛含吸地氣之感，腰勁順右腿向下鬆串，注入腳底植地生根，以助腳底之勁上翻傳導。

周身開中寓合，繼續吸氣，氣結中宮，眼注視左手。（圖10-103）

【動作三】接上勢。腎氣縱向立圓滾動，雙腰隙互相

圖10-102　　　　　　　圖10-103

傳遞旋轉，腰勁向右螺旋運轉，隨腿蹬腰擰，身體螺旋騰起，以大轉身法自右向左轉360°做翻花舞袖動作；雙肩鬆開似脫，下塌外碾，左催右領，膻中穴微內含，心氣與橫膈膜一提即降，丹田勃發鼓蕩；雙手以右手為主，左手為賓。

　　右手出勁變為順纏，坐腕旋轉，借助旋腕轉膀之勁畫上弧做舞袖動作一抖即鬆，運展至身體右前上方約50公分，上折下掤，肘向裡合，高與眼平，手指鬆直向前上方，掌心向下；左手入勁繼續逆纏，坐腕旋轉，借助旋腕轉膀之勁畫上弧做舞袖動作一抖即鬆，運展至左膝上方，上折下掤，肘微裡合，高與胯平，手指鬆直向前偏下，掌心向下。

　　同時，鬆右胯、泛左臀，右腳入勁蹬地旋空騰起，乘身體旋至360°後降落之機，雙腳同時一出即入勁分別左先右後相繼震地雙聲；隨即鬆左胯、泛右臀，重心偏於右

腿，六四分成。

　　周身合中寓開，同時一吸即呼，氣沉丹田，眼隨手轉，定勢眼注視右手及前方。（圖10-104、圖10-105、圖10-105附圖）

圖10-104

圖10-105

圖10-105附圖

第十七式　掩手肱捶（面向東）

【動作一】接上勢。腎氣滾動，雙腰隙互相傳遞，各領半身轉動，腰勁螺旋運轉，身體螺旋騰空升起右轉45°；雙肩鬆開似脫，下塌外碾，前捲裡合，左催右領，引導肩井、雲門、極泉、曲池、曲澤、內關、勞宮、氣衝、環跳、血海、委中、三里、崑崙、湧泉等諸穴內氣機潛轉，膻中穴微內含，牽動往來氣貼背，丹田鼓蕩勃發；雙手以右手為主，左手為賓。

右手出勁變為順纏，由掌變拳，折腕旋轉，借助旋腕轉膀之勁畫下弧向身體右側一纏，乘肩部的轉關過節變為逆纏，畫上弧向體內運合至身體中線前與左手折疊交叉（右手在下），上掤下折，肘微裡合，高與腹平，拳面向左下方，拳眼向左偏下，拳心向右下方；左手入勁繼續逆纏，坐腕旋轉，借助旋腕轉膀之勁畫下弧向身體左側一纏，乘肩部的轉關過節變為順纏，畫上弧向體內運合至身體中線前與右手折疊交叉（左手在上），上折下掤，肘向裡合，高與腹平，手指鬆直向右偏前，掌心向下。

同時，鬆右胯、泛左臀，背絲扣調襠，小腹內收，關元與中極二穴共同內斂納氣，沖震命門，下閉穀道，膾口納氣順脊而直上，乘鬆胯圓襠，雙腳先出後入勁分別右先左後旋轉騰起，周身在空中合住勁；接著鬆左胯、泛右臀，隨著身體與氣勁下降之機，雙腳出勁右先左後相續降落，震地雙聲，十趾及時抓地，襠勁前合後開，重心偏於右腿，六四分成，腰勁向下鬆串，注入腳底，以助腳底之勁上翻傳導。

圖10-106

圖10-107

周身合住勁，具有一觸即發之勢，同時一吸即呼，氣聚中宮，眼注視前方。（圖10-106、圖10-107）

【動作二】接上勢。腎氣滾動，腰勁向右旋轉，身體螺旋騰空升起；雙肩鬆開似脫，下塌外碾，爭衡對拉，開胸合背，丹田鼓蕩勃發；雙手以右手為主，左手為賓。

右手出勁變為順纏，坐腕旋轉，借助旋腕轉膀之勁畫上弧忽然一抖即鬆，運展至身體右側上方，上掤下折，肘向裡合，高與肩平，拳面向右，拳眼向後，拳心向上；左手入勁變為逆纏，坐腕旋轉，借助旋腕轉膀之勁向身體右側畫上弧屈肘翻掌忽然一抖即鬆，運升至右肩窩前，以中指甲粘貼於雲門穴上，內折外掤，高與胸平，手指鬆直向右偏後，掌心向右前方。

同時，鬆右胯、泛左臀，小腹內收，關元與中極二穴共同內斂納氣，沖震命門，下閉穀道，腧口納氣順脊而直上，乘鬆胯圓襠，雙腳先出後入勁騰空旋起。

圖10-108

　　周身在空中合住勁，同時吸氣，眼注視前方。（圖
10-108）

　　【動作三】接上勢。腰勁向左旋轉，身體螺旋下沉；
雙肩鬆開似脫，下塌外碾，右催左領，膻中穴微內含，心
氣與橫膈膜同步沉降；雙手以左手為主，右手為賓。

　　左手出勁變為逆纏，坐腕旋轉，借助旋腕轉膀之勁經
右上臂內側上方畫上弧運展至身體左前上方時，乘肩部的
轉關過節，變為順纏放鬆（勁貫中指肚），上折下掤，肘
向裡合，高與肩平，手指鬆直向左上方，掌心向前下方；
右手入勁變為逆纏，坐腕旋轉，借助旋腕轉膀之勁經左肘
下與腹前畫下弧運展至右膝上方時，乘肩部的轉關過節變
為順纏放鬆，上折下掤，肘向裡合，高與胯平，拳面向
右，拳眼向前偏左，拳心向下。

　　乘身體向下降落之機，雙腳同時出勁，一起以前腳掌
先著地面，雙腳跟部相繼落下，以緩衝身體下落時的震動

力，呈現輕靈狀態。

同時，鬆右胯、泛左臀，上弧調襠，重心移於左腿，六四分成。

周身合住勁，同時呼氣，氣聚中宮，眼注視左手及前方。（圖10-109）

【動作四】接上勢。腰勁向左旋轉，身體螺旋下沉；雙肩鬆開似脫，下塌外碾，右催左領，引導諸穴內

圖10-109

氣機潛轉，開胸合背；雙手以左手為主，右手為賓。

左手出勁右手入勁變為雙逆纏，坐腕旋轉，借助旋腕轉膀之勁畫下弧繼續向身體兩側上方運展，待手臂運展至將展未展之機，乘肩部的轉關過節，變為雙順纏運展至身體兩側上方，上掤下折，肘向裡合，高與肩平，左手指鬆直向左偏下，掌心向上；右拳面向右，拳眼向後，拳心向上。

同時，鬆右胯、泛左臀，下弧調襠，重心繼續左移，領虛右腿，右腳先入後出勁，向身體左側做調步動作，重心在左，七三分成。

周身開中寓合，同時吸氣，氣結中宮，眼注視左手及左前方。（圖10-110）

【動作五】接上勢。腰勁向右旋轉，身體螺旋下沉；雙肩鬆開似脫，下塌外碾，內捲裡合，左催右領，乘背開胸合之機，膻中穴微內含，牽動往來氣貼背；雙手以右手

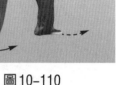

圖10-110　　　　　　　　圖10-111

為主，左手為賓。

　　右手出勁變為逆纏，坐腕旋轉，借助旋腕轉膀之勁向身體內畫上弧運合至左肘內側，外折內掤，肘向裡合，高與胸平，拳面向前，拳眼向上，拳心向內（左），與左肘合住勁；左手入勁變為逆纏，坐腕旋轉，借助旋腕轉膀之勁向身內畫上弧運展至身體前約45公分，外折內掤，肘向裡合，高與肩平，手指鬆直向前，掌心向內（右），構成掩手狀態。

　　同時，鬆左膀、泛右臀，下弧調襠，重心移於右腿，左腳先入後出勁，向左前方做調步動作，重心在右，六四分成，腰勁向下鬆串，注入腳底植地生根，以助腳底之勁上翻傳導。

　　周身合住勁，具有一觸即發之勢，繼續吸氣，氣結中宮，眼注視左手及前方。（圖10-111）

　　【動作六】接上勢。腎氣滾動，腰勁向右擰轉，身體

螺旋下沉，上體左轉45°；雙肩鬆開似脫，下塌外碾，內捲裡合，左催右領，引導諸穴內氣機潛轉，膻中穴微內含，心氣與橫膈膜同步沉降，丹田鼓蕩勃發；雙手以右手為主，左手為賓。

圖10-112

右手出勁繼續逆纏，坐腕旋轉，借助旋腕轉膀之勁遵照「拳由心發」的運動法則，轉臂旋拳忽然一抖即鬆，經左前臂下方畫下弧運至身體右前上方約50公分，乘相合還原之機順纏放鬆，順直挺拔，肩順而脫，肘垂裡合，勁貫拳面（梢節），高與肩平，拳面向左前方，拳眼向內，拳心向下；左手入勁繼續逆纏，由掌變拳坐腕旋轉，借助旋腕轉膀之勁經右臂上側屈肘畫下弧忽然一抖即鬆，運至胸前（拳心對準左乳頭），勁貫肘尖，高與胸平，以助右拳發放，拳面向右前方，拳眼向上，拳心向內，形成左肘右拳對稱傳遞的通背勁。

同時，鬆右胯、泛左臀，前腳扒、後腳蹬，雙腳左（微）後右（微）前旋騰搓步，重心發在前（左）鬆在後（右），六四分成。

周身合住勁，同時呼氣，氣沉丹田，眼注視右手及前方。（圖10-112）

第十八式 飛步拗攔肘（面向南）

【動作一】接上勢。腰勁一鬆向右旋轉，身體螺旋下沉，上體右轉45°；雙肩鬆開似脫，下塌外碾，內捲裡合，左催右領，膻中穴微內含，心氣與橫膈膜同步沉降；雙手以右手為主，左手為賓。

右手出勁變為順纏，折腕旋轉，借助旋腕轉膀之勁畫上弧向身體前方繼續外展，外掤內折，肘向裡合，高與肩平，拳面向上，拳眼向外（右），拳心向內；左手入勁變為順纏，折腕旋轉，借助旋腕轉膀之勁自左胸前畫上弧纏繞小半圓，外掤內折，拳面向內（右），拳眼向前，拳心向後。

同時，鬆右胯、泛左臀，上弧調襠，重心移於左腿，乘右腿以虛之機右腳出勁向後倒一小步，重心左七右三分成。

周身開中寓合，同時吸氣，氣結中宮，眼注視右手及前方。（圖10-113）

【動作二】接上勢。腎氣立圓滾動，腰隙互為傳遞，腰勁繼續鬆塌向左旋轉，身體螺旋下沉；雙肩鬆開似脫，下塌外碾，右催左領，膻中穴微內含，心氣與橫膈膜同步沉降；雙手以左

圖10-113

手為主，右手為賓。

左手出勁繼續順纏，折腕旋轉，借助旋腕轉膀之勁自左胸前纏臂旋拳畫上弧運至身體前方約45公分，上折下掤，肘向裡合，高與肩平，拳面向上，拳眼向外（左），拳心向內；右手入勁繼續順纏，折腕旋轉，借助旋腕轉膀之勁，自身體前方纏臂屈肘旋拳畫下弧運合至右肋旁（腰），上折下掤，肘向裡合，高與肋平，拳面向前，拳眼向外（右），拳心向上。

同時，鬆右胯、泛左臀，下弧調襠，重心移至右腿，小腹內收，關元、中極二穴共同納氣，沖震命門，左腳入勁旋膝而起，高與胯平，小腿鬆垂直豎，腳底平整，五趾微收，湧泉穴含吸地氣之意，腰勁向下鬆串，順其右腿注入腳底植地生根，以助腳底之勁上翻傳導。

周身合住勁，具有一觸即發之勢，繼續吸氣，氣結中宮，眼注視左手及前方。（圖10–114）

【動作三】接上勢。腰勁一鬆塌住勁，身體螺旋下沉；雙肩鬆開似脫，下塌外碾，內捲裡合，右催左領，膻中穴微內含，牽動往來氣貼背；雙手以左手為主，右手為賓。

左手出勁右手入勁繼續雙順纏，折腕旋轉，借助旋腕轉膀之勁分別自身體前上方和右肋下隨著身法與步法前運領著勁，雙拳原地不變微微一旋，拳面、拳眼、拳心保持原狀態。

同時，鬆左胯、泛右臀，左腳出勁向身體左側約40公分踏地墊步，重心偏於左腿，七三分成，腰勁向下鬆串，注入腳底，以助腳底之勁上翻傳導。

周身合中寓開，同時一吸即呼，氣聚中宮，眼注視左

圖10-114　　　　　　　圖10-115

手及前方。（圖10-115）

　　【動作四】接上勢。腎氣滾動，腰勁向右旋轉，身體螺旋下沉，左轉90°，隨著腿蹬腰擰，身體螺旋跳起；雙肩鬆開似脫，下塌外碾，內捲裡合，左催右領，引導上體諸穴內氣機潛轉，膻中穴微內含，牽動往來氣貼背，丹田鼓蕩勃發；雙手以右手為主，左手為賓。

　　右手出勁變為逆纏，直腕旋轉，借助旋腕轉膀之勁畫上弧向身體右側上方運展，乘身體騰空躍至極高點之機，轉臂旋拳忽然一抖，凌空發拳，一抖即鬆，變為順纏，順直挺拔，肩順而脫，肘垂裡合，勁貫拳面（梢節），高與肩平，拳面向右前方，拳眼向內（左），拳心向下；左手入勁變為逆纏，直腕旋轉，借助旋腕轉膀之勁畫下弧彎臂屈肘自身前忽然一抖回運至胸前，順腕挺拔，勁貫肘尖，高與腹平，以助右拳發勁，拳面向右前方，拳眼向上，拳心向內（以勞宮穴貼左乳頭）。

圖10-116

圖10-116附圖

同時，鬆右胯、泛左臀，下弧調襠，重心移至左腿，右腳先出後入勁屈膝旋起，左腳以先出後入勁及時蹬地助力，身體旋騰，飛步躍起。

周身空中合住勁，同時呼氣，眼注視右手及前方。（圖10-116、圖10-116附圖）

【動作五】接上勢。腰勁向右旋轉，身體螺旋下沉，右轉180°；雙肩鬆開似脫，下塌外碾，內捲裡合，左催右領，膻中穴微內含，心氣與橫膈膜同步下沉；雙手以右手為主，左手為賓。

右手出勁變為順纏，坐腕旋轉，借助旋腕轉膀之勁畫外下弧運合至腹臍前，上折下掤，肘向裡合，高與臍平，拳面向左，拳眼向內，拳心向下；左手入勁繼續逆纏，由拳變掌，坐腕旋轉，借助旋腕轉膀之勁經身體前畫上弧運展至身體左前上方，上折下掤，肘向裡合，高與眼平，手指鬆直向左偏前，掌心向左前下方。

圖10-117

乘身體向下降落之機，雙腳同時出勁右先左後相繼落地，左腳偏前，右腳偏後，構成拗步之勢。

同時，鬆右胯、泛左臀，上弧調襠，雙腳相距約80公分，重心移於左腿，六四分成。

周身合住勁，同時一吸即呼，氣聚中宮，眼注視左手。（圖10-117）

【動作六】接上勢。腎氣滾動，腰隙互為傳遞，腰勁左旋，身體螺旋沉降，右轉45°；雙肩鬆開似脫，下塌外碾，右催左領，胸背開合有度，牽動往來氣貼背；雙手以左手為主，右手為賓。

左手出勁變為順纏，坐腕旋轉，借助旋腕轉膀之勁畫上弧繼續向身體左側運展，上折下捅，肘向裡合，高與肩平，手指鬆直向外（左），掌心向前；右手入勁變為逆纏，折腕旋轉，借助旋腕轉膀之勁粘黏腹部畫上弧纏繞小半圈，下折上捅，肘向裡合，高與臍平，拳面向左，拳眼

圖10-118

向上，拳心向內。

　　同時，鬆右胯、泛左臀，前襠合、後襠開，雙腳勁一入即出，雙腳錯步左前右後，重心仍在左，六四分成。

　　周身合住勁，具有一觸即發之勢，同時吸氣，氣結中宮，眼注視左手及左前方。（圖10-118）

　　【動作七】接上勢。腰勁向右旋轉，身體螺旋下沉，左轉45°；雙肩鬆開似脫，下塌外碾，內捲裡合，左催右領，膻中穴微內含，牽動往來氣貼背，丹田鼓蕩勃發；雙手以右手為主，左手為賓。

　　右手出勁繼續逆纏，折腕旋轉，借助旋腕轉膀之勁粘黏腹部畫下弧纏繞小半圈，忽然一抖即鬆，勁貫右前臂，以寬面肘發出，上掤下折，肘垂而鬆，高與腹平，拳面向左，拳心向上；左手入勁變為逆纏，折腕旋轉，借助旋腕轉膀之勁畫外下弧忽然一抖即鬆，運至右肘外側，內折外掤，肘微裡合，高與腹平，手指鬆直向外（左），掌心向

圖10-119

內，右掌左肘相合，並含相吸相繫之意。

　　同時，鬆右胯、泛左臀，雙腳旋騰搓步，前（左）腿扒、後（右）腿蹬，重心發於前、鬆至後，六四分成。

　　周身合住勁，同時呼氣，氣沉丹田，眼注視前方。（圖10-119）

第十九式　雲手（前三）（面向南）

　　【動作一】接上勢。腰勁向左旋轉，身體螺旋下沉；雙肩鬆開似脫，下塌外碾，內捲裡合，右催左領，膻中穴微內含，心氣與橫膈膜同步沉降，胸腰自右向左做下弧運化動作；雙手以左手為主，右手為賓。

　　左手出勁繼續逆纏，坐腕旋轉，借助旋腕轉膀之勁畫上弧運展至身體左側上方，內折外掤，肘向裡合，高與眼平，手指鬆直向上偏內，掌心向左上方；右手入勁變為順纏，坐腕旋轉，借助旋腕轉膀之勁畫下弧運展至腹臍前約

35公分，外折內掤，肘向裡合，高與腹平，手指鬆直向前，掌心向左。

圖10-120

同時，鬆右胯、泛左臀，下弧調襠，重心移於左腿，右腳入勁，前腳掌擦滑地面向後畫外弧運合至左腳內側約25公分，前腳掌虛點地面，雙腳形成不丁不八狀態，重心左八右二分成。

周身合住勁，同時吸氣，氣結中宮，眼注視右下方。（圖10-120）

【動作二】接上勢。腰勁一鬆向右旋套，身體螺旋下沉；雙肩鬆開似脫，下塌外碾，內捲裡合，右催左領，膻中穴微內含，心氣與橫膈膜同步沉降；雙手以左手為主，右手為賓。

上肢動作同上動，繼續領勁。

同時，鬆右胯、泛左臀，下弧調襠，重心微向左移，乘右腳領虛之機，右腳出勁向身體右側開步，腳尖上翹裡合，腳跟內側鏟地而出，重心仍偏於左腿，七三分成。

周身開中寓合，同時呼氣，氣沉丹田，眼注視右方，完成（前三）第一次雲手。（圖10-121）

【動作三】接上勢。腰勁一鬆向右旋套，身體螺旋下沉；雙肩鬆開似脫，下塌外碾，前捲裡合，左催右領，膻中穴微內含，心氣與橫膈膜同步沉降；雙手以右手為主，左手為賓。

圖10-121　　　　　　　　圖10-122

右手出勁變為逆纏，坐腕旋轉，借助旋腕轉膀之勁畫上弧運展至身體右側上方，內折外掤，肘微裡合，高與眼平，手指鬆直向上，掌心向右；左手入勁變為順纏，坐腕旋轉，借助旋腕轉膀之勁畫下弧運至腹臍前約35公分，外折內掤，肘向裡合，高與腹平，手指鬆直向下，掌心向右。

同時，鬆左胯、泛右臀，下弧調襠，重心移於右腿，前腳掌落地踏實，五趾及時抓地，乘左腿引虛之機，左腳以先入後出勁經右腿後側畫上弧做「偷步」動作，左前腳掌點於右腳跟後外側約35公分，雙腳尖向前。

周身合住勁，同時吸氣，氣結中宮，眼注視右下方。（圖10-122）

【動作四】接上勢。腰勁向左旋套，身體螺旋下沉；雙肩鬆開似脫，下塌外碾，內捲裡合，右催左領，膻中穴微內含，心氣與橫膈膜同步沉降；雙手以左手為主，右手為賓。

圖10-123

圖10-124

　　左手入勁變為逆纏，坐腕旋轉，借助旋腕轉膀之勁畫上弧運展至身體左側上方，內折外掤，肘微裡合，高與眼平，手指鬆直向上，掌心向左；右手入勁變為順纏，坐腕旋轉，借助旋腕轉膀之勁畫下弧運展至腹前約35公分，外折內掤，肘向裡合，高與臍平，手指鬆直向前，掌心向左。

　　同時，鬆右胯、泛左臀，下弧調襠，重心移於左腿，腳跟隨勢落地踏實，乘右腿領虛之機，以先入後出勁經左腿前方畫上弧向身體右側出步（步伐大小可根據自身的功夫與體力而定），腳尖上翹裡合，腳跟內側鏟地而出。

　　周身合住勁，同時呼氣，氣沉丹田，眼注視右方，完成（前三）第二次雲手。（圖10-123）

　　【動作五】接上勢。與本式動作三相同。（圖10-124）

　　【動作六】接上勢。與本式動作四相同，完成（前三）第三次雲手。（圖10-125）

圖10-125

第二十式　高探馬（面向西）

【動作一】接上勢。腎氣滾動，腰隙互為傳遞，腰勁向左螺旋，身體螺旋沉降，身體右轉90°；雙肩鬆開似脫，下塌外碾，內捲裡合，右催左領，引導諸穴內氣機潛轉，膻中穴微內含，心氣與橫膈膜同步沉降；雙手以左手為主，右手為賓。

左手出勁變為順纏，坐腕旋轉，借助旋腕轉膀之勁畫外上弧運展至身體前約45公分，外折內掤，肘向裡合，高與肩平，手指鬆直向前，掌心向內（右）；右手入勁變為逆纏，坐腕旋轉，借助旋腕轉膀之勁畫上弧運展至身體右側上方時，乘肩部的轉關過節變為順纏，畫下弧運合至腹前，內折外掤，肘向裡合，高與腹平，手指鬆直向內，掌心向內。

同時，鬆右胯、泛左臀，下弧調襠，右腳以跟為軸外

圖10-126

圖10-127

擺90°，重心移於右腿，乘左腳領虛之機，左腳以跟為軸，以腳大趾領勁向內扣合45°，隨著後弧調襠，重心復移左腿，左六右四分成。

　　周身合住勁，具有一觸即發之勢，同時吸氣，氣結中宮，眼注視左手及前方。（圖10-126、圖10-127）

　　【動作二】接上勢。腎氣滾動，鬆腰下氣，身體螺旋沉降；雙肩鬆開似脫，下塌外碾，內捲裡合，左催右領，互相傳遞，膻中穴微內含，心氣與橫膈膜同步沉降，丹田鼓蕩勃發；雙手轉換有序，互為主賓。

　　右手出勁變為逆纏，坐腕旋轉，借助旋腕轉膀之勁畫上弧忽然一抖即鬆，自腹前運展至身前約50公分時，乘肩部放鬆與轉關過節變為順纏，畫下弧運回腹前，以助左手發放，上折下掤，肘向裡合，高與腹平，手指鬆直向內（左），掌心向上；左手入勁變為順纏，坐腕旋轉，借助旋腕轉膀之勁畫下弧忽然一抖即鬆，待運至腹前時，乘肩

圖10-128

圖10-129

部的轉關過節變為逆纏，畫上弧忽然一抖即鬆至身前約50公分，內折外掤，肘向裡合，高與肩平，手指鬆直向右，掌心向外。

　　同時，鬆左胯、泛右臀，小腹內收，關元、中極二穴內斂納氣，左腿入勁，右膝上領一抖即鬆，略高於胯，小腿鬆垂直豎，腳底平整，五趾微收，湧泉穴含吸地氣之意。

　　周身合住勁，同時呼氣，氣沉丹田，眼注左手及前方。（圖10-128、圖10-129）

第二十一式　雲手（後三）（面向北）

　　【動作一】接上勢。鬆腰下氣向左旋轉，身體螺旋下沉，右轉90°；雙肩鬆開似脫，下塌外碾，內捲裡合，左催右領，膻中穴微內含，牽動往來氣貼背，丹田鼓盪勃發；雙手以右手為主，左手為賓。

　　右手出勁變為逆纏，坐腕旋轉，借助旋腕轉膀之勁畫

下弧一抖即鬆，運合至右前
約35公分，外折內掤，肘
向裡合，高與肩平，手指鬆
直向前，掌心向右；左手入
勁變為順纏，坐腕旋轉，借
助旋腕轉膀之勁畫下弧一抖
即鬆，運展至腹臍前35公
分，外折內掤，肘微裡合，
高與腹平，手指鬆直向前，
掌心向左。

圖10-130

　　同時，鬆右胯、泛左
臀，右腳出勁，順左腿後側忽然一抖即鬆落於左腳跟旁，
震地有聲，重心仍然偏於左腿，七三分成。

　　周身合中寓開，同時呼氣，氣聚中宮，眼注視前方。
（圖10-130）

　　【動作二】接上勢。腰勁向右旋套，身體螺旋下沉；
雙肩鬆開似脫，下塌外碾，內捲裡合，左催右領，膻中穴
微內含，心氣與橫膈膜同步沉降，胸腰由左向右做下弧運
化動作；雙手以右手為主，左手為賓。

　　上肢動作同上動，繼續領勁。

　　同時，鬆左胯、泛右臀，下弧調襠，重心移於右腿，
乘左腿領虛之機，左腳出勁向身體左側出步，腳尖上翹裡
合，腳跟內側鏟地而出，七三分成。

　　周身合住勁，繼續呼氣，氣沉丹田，眼注視右方，完
成（後三）第一次雲手。（圖10-131）

　　【動作三】接上勢。腰勁一鬆向左旋套，身體螺旋下

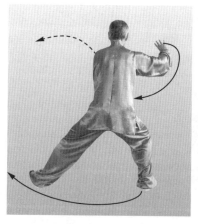

圖10-131

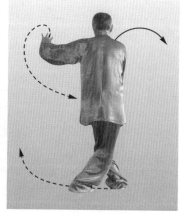

圖10-132

沉；雙肩鬆開似脫，下塌外碾，內捲裡合，右催左領，膻中穴微內含，心氣與橫膈膜同步沉降；雙手以左手為主，右手為賓。

左手出勁變為逆纏，坐腕旋轉，借助旋腕轉膀之勁畫上弧運展至身體左側上方，內折外掤，高與眼平，手指鬆直向上，掌心向左；右手入勁變為順纏，坐腕旋轉，借助旋腕轉膀之勁畫下弧運展至腹臍前35公分，外折內掤，肘向裡合，高與腹平，手指鬆直向前，掌心向左。

同時，鬆右胯、泛左臀，重心移於左腿，前腳掌落地踏實，五趾及時抓地，乘右腿引虛之機，以先入後出勁經左腿後側畫上弧做「偷步」動作，右前腳掌點於左腳跟後外側約35公分，雙腳尖向前。

周身合住勁，同時吸氣，氣結中宮，眼注視左前方。（圖10-132）

【動作四】接上勢。腰勁向右旋套，身體螺旋下沉；

圖10-133

　　雙肩鬆開似脫，下塌外碾，內捲裡合，左催右領，膻中穴微內含，心氣與橫膈膜同步沉降；雙手以右手為主，左手為賓。

　　右手出勁變為逆纏，坐腕旋轉，借助旋腕轉膀之勁畫上弧運展至身體右側上方，內折外掤，肘微裡合，高與眼平，手指鬆直向上偏內，掌心向右偏上；左手入勁變為順纏，坐腕旋轉，借助旋腕轉膀之勁畫下弧運展至腹部前約35公分，外折內掤，肘向裡合，高與臍平，手指鬆直向前，掌心向右。

　　同時，鬆左胯、泛右臀，下弧調襠，重心移於右腿，腳跟隨勢落地踏實，乘左腿領虛之機，以先入後出勁經右腿前方畫上弧向身體左側出步（步伐大小可根據自身的功夫與體力而定），腳尖上翹裡合，腳跟內側鏟地而出。

　　周身合住勁，同時呼氣，氣沉丹田，眼注視右方，完成（後三）第二次雲手。（圖10-133）

圖10-134

圖10-135

【動作五】接上勢。與本式動作三相同。（圖10-134）

【動作六】接上勢。與本式動作四相同，完成（後三）第三次雲手。（圖10-135）

第二十二式　高探馬（面向西北）

【動作一】接上勢。腰勁向右旋轉，身體螺旋下沉，左轉45°；雙肩鬆開似脫，下塌外碾，內捲裡合，右催左領，引導諸穴內氣機潛轉，膻中穴微內含，心氣與橫膈膜同步沉降；雙手以左手為主，右手為賓。

左手出勁變為逆纏，坐腕旋轉，借助旋腕轉膀之勁畫上弧運展至身體左側上方，內折外掤，肘微裡合，高與眼平，手指鬆直向上，掌心向左；右手入勁變為順纏，坐腕旋轉，借助旋腕轉膀之勁畫下弧運合至右膝上方，外折內掤，肘向裡合，高與胯平，手指鬆直向右下方，掌心向左前方。

圖10-136　　　　　　　圖10-136附圖

　　同時，鬆右胯、泛左臀，後弧調襠，重心繼續左移，七三分成，左腳以跟為軸，以拇趾領勁外擺45°，襠勁圓撐，後開前合。

　　周身合住勁，同時吸氣，氣結中宮，眼注視左手及左前方。（圖10-136、圖10-136附圖）

　　【動作二】接上勢。腰勁向左旋套，身體螺旋下沉；雙肩鬆開似脫，下塌外碾，右催左領，膻中穴微內含，心氣與橫膈膜同步沉降，胸腰由右向左做下弧運化動作；雙手以左手為主，右手為賓。

　　左手出勁繼續逆纏，坐腕旋轉，借助旋腕轉膀之勁畫下弧向身體左側上方運展領勁，內折外掤，肘微裡合，高與眼平，手指鬆直向上偏前，掌心向左；右手入勁繼續順纏，坐腕旋轉，借助旋腕轉膀之勁畫下弧隨身法左運合至右膝上方領勁，內掤外折，肘向裡合，高與胯平，手指鬆直向右方，掌心向左前方。

同時，鬆左胯、泛右臀，下弧調襠，重心移於左腿，小腹向內收斂，關元、中極二穴共同內斂納氣，促使右腿以先入後出勁畫上弧旋膝而起，高與胯平。

周身合住勁，同時呼氣，氣聚中宮，眼注視左手。（圖10-137）

【動作三】接上勢。腰勁繼續向左一套，身體螺旋

圖10-137

下沉；雙肩鬆開似脫，下塌外碾，內捲裡合，左旋右轉，互相催領傳遞，膻中穴微內含，心氣與橫膈膜同步沉降；雙手轉換有序，互為主賓。

左手先出後入勁繼續逆纏，坐腕旋轉，借助旋腕轉膀之勁畫下弧繼續向身體左側外展領勁，待手臂運至將展未展之機，肩部轉關過節變為順纏，屈肘自左向右畫上弧運至身體前時，再變為逆纏，運合至右上臂內側，以掌跟粘黏右上臂，外折內掤，肘微裡合，高與胸平，手指鬆直向上，掌心向右；右手先入後出勁繼續順纏，坐腕旋轉，借助旋腕轉膀之勁畫上弧運展至身體前約45公分，內掤外折，肘向裡合，高與肩平，手指鬆直向前，掌心向左上方。

同時，鬆右胯、泛左臀，下弧調襠，右腿乘胯部的轉關過節，接著畫下弧向身體右側出步，腳尖上翹裡合，腳跟內側鏟地而出，重心在左，六四分成。

圖10-138　　　　　　　　　圖10-138附圖

　　周身合住勁，同時吸氣，氣結中宮，眼注視右下方。
（圖10-138、圖10-138附圖）

　　【動作四】接上勢。腎氣滾動左入右出，雙腰隙右上
左下旋轉，腰勁向右旋套，身體螺旋下沉；雙肩鬆開似
脫，下塌外碾，左催右領，膻中穴微內含，心氣與橫膈膜
同步沉降；雙手以右手為主，左手為賓。

　　右手出勁繼續順纏，坐腕旋轉，借助旋腕轉膀之勁微
畫下弧向左運領著勁，形成手引身進之勢，注重右肩後
捲，具有「靠」威，外折內掤，肘向裡合，高與眼平，手
指鬆直向前，掌心向左；左手入勁繼續逆纏，坐腕旋轉，
借助旋腕轉膀之勁，微畫下弧自右上臂內側纏繞領勁，內
折外掤，肘微裡合，高與肩平，手指鬆直向上，掌心向
右。

　　同時，鬆左胯、泛右臀，下弧調襠，重心移於右腿，
六四分成。

圖10-139

圖10-139附圖

　　周身合住勁，同時呼氣，氣聚中宮，眼注視右下方。
（圖10-139、圖10-139附圖）

　　【動作五】接上勢。腰勁向左旋轉，身體螺旋下沉，
上體微向右轉；雙肩鬆開似脫，下塌外碾，內捲裡合，右
催左領，膻中穴微內含，牽動往來氣貼背；雙手以左手為
主，右手為賓。

　　左手出勁繼續逆纏，折腕旋轉，借助旋腕轉膀之勁畫
上弧運掤至身體前上方約35公分，上掤下折，高與嘴平，
手指鬆直向右後方，掌心向右前方；右手入勁變為逆纏，
屈肘折腕旋轉，借助旋腕轉膀之勁畫上弧運掤至身體前上
方約30公分，上掤下折，高與鼻平，手指鬆直向左後方，
掌心向左前方，雙手臂左上右下粘黏纏繞，構成十字交叉
折疊的上掤狀態。

　　同時，鬆左胯、泛右臀，坐骨結節和尾閭骨同步沉
降，調整襠勁，後開前合，重心仍偏於右腿，六四分成。

圖10-140　　　　　　　圖10-140附圖

周身合中寓開，同時吸氣，氣結中宮，眼注視右方。
（圖10-140、圖10-140附圖）

【動作六】接上勢。腰勁向左旋轉，身體螺旋下沉；
雙肩鬆開似脫，下塌外碾，內捲裡合，右催左領，膻中穴
微內含，心氣與橫膈膜同步沉降；雙手以左手為主，右手
為賓。

左手出勁右手入勁繼續雙逆纏，雙手坐腕旋轉，借助
旋腕轉膀之勁畫上弧運展至身體兩側上方，乘肩部的轉關
過節變為雙順纏，將勁鬆至中指肚，微加停息，一旋經勞
宮穴纏回腰間，上折下捅，肘微裡合，高與鼻平，手指鬆
直偏前，掌心向斜下方。

同時，鬆右胯、泛左臀，後下弧調襠，重心移於左
腿，六四分成。

周身開中寓合，同時呼氣，氣沉丹田，眼注視右手。
（圖10-141）

圖10-141

第二十三式　連珠炮(一)(面向西)

【動作一】接上勢。腰勁一鬆向右旋套，身體螺旋下沉；雙肩鬆開似脫，下塌外碾，前捲裡合，左催右領，引導諸穴內氣機潛轉，胸腰由左向右做下弧運化動作，膻中穴微內含，牽動往來氣貼背；雙手以右手為主，左手為賓。

右手出勁變為逆纏，坐腕旋轉，借助旋腕轉膀之勁以肩肘為轉動軸畫下弧運展至身體右前上方，上折下掤，肘向裡合，高與肩平，手指鬆直向上，掌心向前；左手入勁繼續順纏，坐腕旋轉，借助旋腕轉膀之勁以左肩肘為轉動軸畫下弧運展至身體左前上方，內折外掤，肘向裡合，高與肩平，手指鬆直向左上方，掌心向前。

同時，鬆左胯、泛右臀，下弧調襠，重心移於右腿，六四分成。

周身合住勁，同時吸氣，氣結中宮，眼注視左手。（圖10-142）

【動作二】接上勢。腎氣滾動，腰隙互相傳遞，腰勁螺旋轉動，身體螺旋下沉，左轉90°；雙肩鬆開似脫，下塌外碾，前捲裡合，左催右領，膻中穴微內含，牽動往來氣貼背；雙手以右手為主，左手為賓。

圖10-142

右手出勁變為逆纏，坐腕旋轉，借助旋腕轉膀之勁畫下弧向身體右側外展，右臂運展至將展未展時，乘肩部的轉關過節變為順纏，自外向內屈肘畫上弧運至後腦部上方時，再次變為逆纏，屈肘橫掌經頭頂運展至頭前上方約35公分，內折外掤，高與頭平，手指鬆直向左，掌心向前；左手入勁繼續順纏，折腕旋轉，借助旋腕轉膀之勁畫上弧運展至身體前上方約30公分，與右手上下呼應，相吸相繫，內折外掤，肘向裡合，高與鼻平，手指鬆直向內，掌心向內。

同時，鬆左胯、泛右臀，右腳以跟為軸，腳尖內扣135°，左腳先入後出勁，向左後方倒步，重心右移，七三分成。

周身合住勁，同時一吸即呼，氣聚中宮，眼注視雙手及前方。（圖10-143）

【動作三】接上勢。腎氣滾動，雙腰隙相互傳遞，腰勁向右旋轉，身體螺旋先降後升，身體左轉45°；雙肩鬆

圖10-143

圖10-144

開似脫，下塌外碾，內捲裡合，左催右領，膻中穴微內含，心氣與橫膈膜同步沉降，胸腰由右向左做下弧運化動作；雙手以右手為主，左手為賓。

右手出勁變為順纏，坐腕旋轉，借助旋腕轉膀之勁畫下弧運展至身體右前方約45公分，下折上掤，肘向裡合，高與肩平，手指鬆直向右，掌心向上；左手入勁變為逆纏，折腕旋轉，畫下弧運展至身體左前方約50公分，下掤上折，肘微裡合，高與嘴平，手指鬆直向下偏內，掌心向下。

同時，鬆左胯、泛右臀，下弧調襠，重心移於左腿，乘右腳移虛之機，右腳入勁，膝蓋旋起高與胯平，小腿鬆垂直豎，腳底平整，五趾微收，湧泉穴含吸地氣之意，小腹聚合收斂，引導關元、中極二穴納氣，沖震命門，腰勁順左腿向下鬆串，注入腳底植地生根。

周身合中寓開，同時吸氣，氣結中宮，眼注視右手及右前方。（圖10-144）

圖10-145

【動作四】接上勢。腎氣滾動，腰勁繼續向右旋轉，身體螺旋下沉，左轉45°；雙肩鬆開似脫，下塌外碾，左催右領，開胸合背；雙手以右手為主，左手為賓。

右手出勁變為逆纏，左手入勁繼續逆纏，雙手折腕旋轉，借助旋腕轉膀之勁分別向兩側畫外上弧變坐腕運合至兩耳旁，上掤下折，肘向上挑（含垂肘之意），高與耳平，手指鬆直向內，掌心向前上方。

同時，鬆右胯、泛左臀，右腳出勁，右腿向右側出步，腳尖上翹裡合，以腳跟內側鏟地而出，重心偏左，六四分成。

周身合住勁，同時吸氣，氣結中宮，眼注視右方。（圖10-145）

【動作五】接上勢。鬆腰下氣，身體螺旋下沉；雙肩鬆開似脫，下塌外碾，內捲裡合，開背合胸，膻中穴微內含，心氣與橫膈膜同步沉降；雙手以右手為主，左手為

圖10-146

賓。

雙手入勁變為雙順纏，坐腕旋轉，借助旋腕轉膀之勁畫內下弧運合至胸前，外折內掤，雙肘裡合，高與胸平，手指鬆直向上，掌心相對（內），含相吸相合之意。

同時，鬆右胯、泛左臀，右腳以跟部為軸，前腳掌外擺45°後落地，五趾及時抓地，重心仍偏左腿，六四分成，腰勁順左腿向下鬆串，注入腳底植地生根，以助腳底之勁上翻傳導。

周身合住勁，具有一觸即發之勢，同時吸氣，氣結中宮，眼注視右前方。（圖10-146）

【動作六】接上勢。腎氣滾動，腰勁向左旋轉，身體螺旋下沉，身體右轉45°；雙肩鬆開似脫，下塌外碾，內捲裡合，丹田鼓蕩勃發，膻中穴微內含，心氣與橫膈膜同步沉降；雙手轉換有序，互為主賓。

雙手出勁變為雙逆纏，坐腕旋轉，借助旋腕轉膀之勁

圖10-147

利用極泉穴下沉，雲門穴吐氣，使勁道貫注雙臂之中，畫下弧忽然一抖即鬆，運展至胸前約50公分，待勁力放出後，雙手及時變為雙順纏放鬆，內折外掤，肘微裡合，形鬆意遠，高與肩平，手指鬆直向內上方，含相吸相合之意，勞宮穴一吐即納（含），掌心向前。

同時，鬆左胯、泛右臀，下弧調襠重心移於右腿，帶領左腳入勁，前腳掌擦滑地面向前跟步，待跟到離右腳跟約40公分處，左腳跟頓地發聲，重心發於前（腿）、鬆至後（腿），六四分成。完成連珠炮（一）。

周身合住勁，同時呼氣，氣沉丹田，眼注視雙手及前方。（圖10-147）

第二十四式　連珠炮（二）（面向西）

【動作一】接上勢。腎氣縱向滾動，腰隙立圓旋轉，雙腰後撐，腰勁鬆塌，氣機上通下達，身體螺旋下沉；雙

圖10-148

圖10-149

肩鬆開似脫，下塌外碾，內捲裡合，左催右領，胸腰自左向右做上弧的運化動作，心氣與橫膈膜同步沉降；雙手以右手為主，左手為賓。

　　右手出勁左手入勁變為雙逆纏，雙手坐腕旋轉，借助旋腕轉膀之勁畫上弧運展至身體前約45公分和40公分，內折外挪，肘微裡合，右手橫掌高與眼平，手指鬆直向左，掌心向前；左手豎掌高與肩平，手指鬆直向上，掌心向前。

　　同時，鬆左胯、泛右臀，上弧調襠，重心移至右腿，左腳出勁向後撤小半步，重心右六左四分成。

　　周身開中寓合，同時吸氣，氣結中宮，眼注視雙手及前方。（圖10-148）

　　【動作二】接上勢。與第二十三式「連珠炮（一）」的動作三相同。（圖10-149）

圖10-150

圖10-151

【動作三】接上勢。與第二十三式「連珠炮（一）」的動作四相同。（圖10-150）

【動作四】接上勢。與第二十三式「連珠炮（一）」的動作五相同。（圖10-151）

【動作五】接上勢。與第二十三式「連珠炮（一）」的動作六相同，完成連珠炮（二）。（圖10-152）

第二十五式　連珠炮（三）（面向西）

【動作】與第二十三式「連珠炮（二）」動作相同，完成連珠炮（三），定勢。（圖10-153）

第二十六式　倒騎麟（面向東）

【動作一】接上勢。腎氣橫向立圓滾動傳遞，腰勁向右旋套，身體螺旋下沉；雙肩鬆開似脫，下塌外碾，內捲裡合，左催右領，膻中穴微內含，心氣與橫膈膜同步沉

圖10-152

圖10-153

降；雙手以右手為主，左手為賓。

右手出勁變為逆纏，坐腕旋轉，借助旋腕轉膀之勁畫上弧運展至身體右側上方，內折外掤，肘微裡合，高與眼平，手指鬆直向上，掌心向外（右）；左手入勁變為逆纏，坐腕旋轉，借助旋腕轉膀之勁畫下弧運合至左膝上方，外折內掤，肘向

圖10-154

裡合，高與胯平，手指鬆直向左下方，掌心向後。

下肢動作不變。

周身開中寓合，同時吸氣，氣結中宮，眼注視右手。（圖10-154）

【動作二】接上勢。腎氣橫向滾動傳遞，腰勁向左旋套，身體螺旋下沉，左轉90°；雙肩鬆開似脫，下塌外碾，內捲裡合，右催左領，引導上肢諸穴內氣機潛轉，膻中穴微內含，牽動往來氣貼背；雙手以左手為主，右手為賓。

圖10-155

左手出勁繼續逆纏，坐腕旋轉，借助旋腕轉膀之勁畫上弧運合至腹前約25公分，以手腕粘黏於右手腕上，手指鬆直向右，掌心向下；右手入勁變為順纏，坐腕旋轉，借助旋腕轉膀之勁畫下弧運合至腹前約25公分，以手腕粘黏於左手腕下，形成十字交叉狀態，手指鬆直向左偏前，掌心向上。

同時，鬆左胯、泛右臀，下弧調襠，重心移於右腿，六四分成。

周身合住勁，同時呼氣，氣聚中宮，眼注視雙手及左下方。（圖10-155）

【動作三】接上勢。腎氣滾動，腰勁螺旋，身體螺旋下沉，右後轉270°；雙肩鬆開似脫，下塌外碾，內捲裡合，右催左領，膻中穴微內含，牽動往來氣貼背；雙手以左手為主，右手為賓。

左手出勁繼續逆纏，坐腕旋轉，借助旋腕轉膀之勁畫下弧外展至身體左側下方時，乘肩部的轉關過節，變為順

圖10-156　　　　　　　　圖10-157

纏，畫上弧運至身體前約50公分，外折內掤，肘向裡合，
高與眼平，手指鬆直向前偏上，掌心向內（右）；右手入
勁繼續逆纏，坐腕旋轉，借助旋腕轉膀之勁畫上弧外展至
身體右側上方時，乘肩部的轉關過節，變為順纏，畫下弧
運至腹臍前，外掤內折，肘微裡合，高與臍平，手指鬆直
向前偏下，掌心向內（左）。

　　同時，鬆右胯、泛左臀，下弧調襠，重心移於右腿，
右腳以跟為軸外擺，乘左腿移虛之機，左腳入勁以裡合腿
畫上弧向身體右側擺扣，隨著腰旋體轉，左膝上提領勁，
高與胯平，小腿鬆垂直豎，腳底平整，五趾微收，湧泉穴
含吸地氣之意。

　　周身合住勁，同時一吸即呼，氣沉丹田，眼注視左手
及前方。（圖10-156、圖10-157）

第二十七式　白蛇吐芯（一）（面向東）

【動作一】接上勢。鬆腰下氣，身體螺旋下沉；雙肩鬆開似脫，下塌外碾，內捲裡合，左催右領，膻中穴微內含，心氣與橫膈膜同步沉降；雙手以右手為主，左手為賓。

右手出勁繼續順纏，坐腕旋轉，借助旋腕轉膀之勁畫下弧向腹前沉運，上掤下折，肘向裡合，高與腹平，手指鬆直向前下方，掌心向內；左手入勁繼續順纏，坐腕旋轉畫下弧領勁，上折下掤，肘向裡合，高與肩平，手指鬆直向前上方，掌心向右。

同時，鬆左胯、泛右臀，左腳出勁向前方出步，腳尖上翹裡合，腳跟虛著地面至右腳前約40公分，腳趾一展即收，湧泉穴一吐即納，雙腳不丁不八，襠勁前合後開，重心仍在右腿，七三分成，腰勁向下鬆串，注入腳底植地生根，以助腳底之勁上翻傳導。

周身合中寓開，具有一觸即發之勢，繼續吸氣，氣結中宮，眼注視左手及前方。（圖10-158）

【動作二】接上勢。丹田鼓蕩勃發，腰勁向右擰轉，身體螺旋下沉；雙肩鬆開似脫，下塌外碾，內捲裡合，左催右領，膻中穴微內含，心氣與橫膈膜同步沉降，牽動往來氣貼背；雙手以右手為主，左手為賓。

右手出勁繼續順纏，坐腕旋轉，借助旋腕轉膀之勁畫下弧經胸前與左手交叉而過，向前上方忽然一抖即鬆，運展至身體前約35公分，上掤下折，肘向裡合，高與眼平，手指鬆直向前上方（食指與中指併攏合住），掌心向內上方；左手入勁變為逆纏，坐腕旋轉，借助旋腕轉膀之勁畫下弧經胸

圖10-158

圖10-159

前與右手交叉而過，忽然一抖即鬆，運合至左胯外側，上折下掤，肘向裡合，高與胯平，手指鬆直向前，掌心向下。

同時，鬆右胯、泛左臀，下弧調襠，左前腳掌及時落地踏實，右腳勁一入即出，前腳掌擦滑地面向前跟步，待跟到時腳跟頓地有聲，重心乘雙腿前腳扒後腳蹬，發至前（左）、鬆於後（右），六四分成。其勁表現於周身之勁起於腳跟，行於腿，主宰於腰，通過脊背，達於手梢。此時要求勁一吐即收，形一抖即鬆，周身完整一氣，完成「白蛇吐芯」（一）。

周身合住勁，同時呼氣，氣沉丹田，眼注視右手及前方。（圖10-159）

第二十八式 白蛇吐芯(二)（面向東）

【動作一】接上勢。腎氣橫向滾動，腰勁向左旋轉，身體螺旋下沉；雙肩鬆開似脫，下塌外碾，內捲裡合，右

圖10-160

催左領，膻中穴微內含，牽動往來氣貼背；雙手以左手為主，右手為賓。

左手出勁繼續逆纏，坐腕旋轉，借助旋腕轉膀之勁畫下弧運展至左側上方時，乘肩部的轉關過節變為順纏，畫上弧運展至身體前約50公分，外折內掤，肘向裡合，高與眼平，手指鬆直向前，掌心向右；右手入勁變為逆纏，坐腕旋轉，借助旋腕轉膀之勁畫上弧運展至身體右側上方時，乘肩部的轉關過節變為順纏，畫下弧運合至腹前約25公分，內（左）掤外（右）折，肘向裡合，高與腹平，手指鬆直向前偏下，掌心向內（左）。

同時，鬆右胯、泛左臀，左腳入勁，領膝旋起，高與胯平，小腿鬆垂直豎，腳底平整，五趾微收，湧泉穴含吸地氣之意。

周身合住勁，同時吸氣，氣結中宮，眼注視左手及前方。（圖10-160）

圖 10-161

圖 10-162

【動作二】接上勢。與第二十七式「白蛇吐芯」的動作一相同。（圖10-161）

【動作三】接上勢。與第二十七式「白蛇吐芯」的動作二相同，完成「白蛇吐芯（二）」。（圖10-162）

圖10-163

圖10-164

第二十九式　白蛇吐芯（三）（面向東）

【動作】與第二十八式「白蛇吐芯」動作相同，完成「白蛇吐芯」（三）。（圖10-163—圖10-165）

第三十式　海底翻花（面向西）

【動作一】接上勢。腎氣滾動，腰隙互為傳遞，各領半身轉動，腰勁螺旋運轉，身體螺旋下沉，右轉45°；雙肩鬆開似脫，下塌外碾，內捲裡合，右催左領，膻中穴微內含，牽動往來氣貼背；雙手以左手為主，右手為賓。

左手出勁繼續逆纏，由掌變拳折腕旋轉，借助旋腕轉膀之勁畫下弧運展至身體左側下方，上掤下折，肘向裡合，高與胯平，拳面向左下方，拳眼向下偏內，拳心向後；右手入勁繼續順纏，由掌變拳折腕旋轉畫上弧運展至身體左側上方，內折外掤，肘向裡合，高與眼平，拳面向

圖10-165

圖10-166

左，拳眼向後，拳心向下。

　　同時，鬆左胯、泛右臀，上弧調襠，重心繼續右移，左腳以跟為軸腳尖內扣90°，七三分成，腰勁向下鬆串，注入腳底植地生根，以助腳底之勁上翻傳導。

　　周身合住勁，具有一觸即發之勢，同時吸氣，氣結中宮，眼注視右手。（圖10-166）

　　【動作二】接上勢。腎氣滾動，腰隙互為傳遞，各領半身轉動，身體螺旋下沉，繼續右轉135°；雙肩鬆開似脫，下塌外碾，內捲裡合，右催左領，膻中穴微內含，牽動往來氣貼背，丹田鼓蕩勃發；雙手以左手為主，右手為賓。

　　左手出勁繼續逆纏，折腕旋轉，借助旋腕轉膀之勁畫上弧運展至身體左側將展未展之機，乘肩部的轉關過節變為順纏，畫下弧忽然一抖即鬆，運展至身體左側上方，內折外掤，肘向裡合，高與耳平，拳面向上，拳眼向後，拳心向內；右手入勁繼續順纏，折腕旋轉，借助旋腕轉膀之

圖10-167

圖10-167附圖

勁經身前畫外上弧忽然一抖即鬆，運合至右胯外側，上折下掤，肘向裡合，高與胯平，拳面向前偏右，拳眼向右後方，拳心向上。

　　同時，鬆左胯、泛右臀，下弧調襠，重心移於左腿，右腳入勁，小腹內收，關元、中極二穴共同內斂納氣，右膝旋起，高與胯平，小腿鬆垂直豎，腳底平整，腳五趾微收，湧泉穴含吸地氣之意，腰勁順左腿向下鬆串，注入腳底植地生根，以助腳底之勁上翻傳導。

　　周身合住勁，具有一觸即發之勢，同時呼氣，氣沉丹田，眼注視前方。（圖10-167、圖10-167附圖）

第三十一式　掩手肱捶（面向西）

　　【動作一】接上勢。腎氣滾動，腰隙傳遞，腰勁螺旋運轉，身體螺旋騰空旋起，右轉45°；雙肩鬆開似脫，下塌外碾，前捲裡合，膻中穴微內含，牽動往來氣貼背，丹

田鼓蕩勃發；雙手以右手為主，左手為賓。

右手出勁變為順纏，折腕旋轉，借助旋腕轉膀之勁畫下弧向身體右側一纏，乘肩部的轉關過節變為逆纏，畫上弧合於身前約45公分，上掤下折，肘微裡合，高與胸平，拳面向前偏下，拳眼向內（左），拳心向下偏右；左手入勁繼續逆纏，

圖10-168

坐腕旋轉，借助旋腕轉膀之勁畫下弧向身體左側一纏，乘肩部的轉關過節變為順纏，畫上弧向身體內運合至身前約45公分，上折下掤，肘向裡合，高與胸平，手指鬆直向前，掌心向下。

同時，鬆左膀、泛右臀，背絲扣調襠，小腹內收，關元與中極二穴共同內斂納氣，沖震命門，下閉穀道，腧口納氣順脊直上，雙腳入勁右先左後騰空躍起。

周身合住勁，同時吸氣，氣結中宮，眼注視前方。（圖10-168）

【動作二】接上勢。腎氣滾動，腰隙後撐，腰勁充實，身體螺旋下沉；雙肩鬆開似脫，下塌外碾，內捲裡合，左催右領，膻中穴微內含，心氣與橫膈膜同步沉降；雙手以右手為主，左手為賓。

右手出勁繼續逆纏、左手入勁變為順纏，坐腕旋轉，借助旋腕轉膀之勁畫上弧左掌（上）右拳（下）十字交叉

圖10-169　　　　　　圖10-169附圖

粘黏落於腹前，乘肩部的轉關過節畫下弧運合至右膝外側上方，上折下掤，肘向裡合，高與胯平，右手拳面向左偏前，拳眼向內偏下，拳心向下偏右；左手手指鬆直向右上方，掌心向右下方。

同時，鬆左胯、泛右臀，乘身體與氣機向下沉降，雙腳出勁，雙腿右先左後相續降落，震地雙聲（雙腿左前右後成45°），十趾及時抓地，襠勁前合後開，重心偏於右腿，六四分成，腰勁向下鬆串，注入腳底，以助腳底之勁上翻傳導。

周身合住勁，具有一觸即發之勢，同時呼氣，氣聚中宮，眼注視左方。（圖10-169、圖10-169附圖）

【動作三】接上勢。腎氣滾動，腰勁向右旋轉，身體螺旋騰空旋起；雙肩鬆開似脫，下塌外碾，左催右領，開胸合背，心氣與橫膈膜同步沉降，丹田鼓蕩勃發；雙手以右手為主，左手為賓。

圖10-170　　　　　　　圖10-170附圖

　　右手出勁變為順纏，坐腕旋轉，借助旋腕轉膀之勁畫上弧忽然一抖即鬆，運展至身體右側上方，下折上掤，肘向裡合，高與肩平，拳面向外（右），拳眼向上，拳心向左；左手入勁變為逆纏，坐腕旋轉，借助旋腕轉膀之勁向身體前畫上弧屈肘翻掌忽然一抖即鬆，運升至右肩窩前，以中指甲粘貼雲門穴上，內折外掤，高與胸平，手指鬆直向右後方，掌心向右偏前。

　　同時，鬆左胯、泛右臀，小腹內收，關元與中極二穴共同內斂納氣，沖震命門，下閉穀道，腦口納氣順脊直上，乘鬆胯圓襠，雙腳入勁騰空旋起，十趾微收，湧泉穴含吸地氣之意。

　　周身合住勁，同時吸氣，氣結中宮，眼注視右手及右前方。（圖10-170、圖10-170附圖）

　　【動作四】接上勢。腰勁向左旋轉，身體螺旋下沉；雙肩鬆開似脫，下塌外碾，前捲裡合，右催左領，膻中穴

微內含，心氣與橫膈膜同步沉降；雙手以左手為主，右手為
賓。

左手出勁繼續逆纏，坐腕旋轉，借助旋腕轉膀之勁經
右上臂內側上方畫上弧運展至身體左前上方時，乘肩部的
轉關過節變為順纏放鬆，勁貫中指肚，上折下捌，肘向裡
合，高與眼平，手指鬆直向左前上方，掌心向左前下方；
右手入勁變為逆纏，坐腕旋轉，借助旋腕轉膀之勁經左肘
下方與腹前畫內下弧運展至右膝上方時，乘肩部的轉關過
節變為順纏放鬆，上折下捌，肘向裡合，高與胯平，拳面
向右，拳眼向前偏左，拳心向下。

乘身體降落之機，雙腳出勁，以前腳掌先著地，腳跟部
相繼著地，緩衝身體下落時的震動力，呈現輕靈之景象。

同時，鬆右胯、泛左臀，後下弧調襠，重心移於左
腿，六四分成。

周身合住勁，同時呼氣，氣聚中宮，眼注視左手及前
方。（圖10-171、圖10-171附圖）

【動作五】接上勢。腰勁向左旋轉，身體螺旋下沉，
右轉45°再左轉45°；雙肩鬆開似脫，下塌外碾，前捲裡
合，右催左領，引導諸穴內氣機潛轉，開胸合背有序，雙
手以左手為主，右手為賓。

左手出勁右手入勁變為雙逆纏，坐腕旋轉，借助旋腕
轉膀之勁，畫下弧繼續向身體兩側上方運展，待手臂展至
將展未展之機，乘肩部的轉關過節變為雙順纏，運展至身
體兩側上方時，再度變為雙逆纏，向身內畫上弧運至身體
中線前，左手約45公分，外折內捌，肘向裡合，高與肩
平，手指鬆直向前，掌心向內（右），形成掩手狀態；右

圖10-171

圖10-171附圖

手藏至左肘內側，外折內掤，肘向裡合，高與胸平，拳面向前，拳眼向上，拳心向內（左）。

圖10-172

同時，鬆右胯、泛左臀，下弧調襠，重心左移，右腳先入後出勁向左做45°調步，隨著下弧調襠重心右移，左腳先入後出勁向左前方做45°調步，重心右六左四分成，腰勁向下鬆串注入腳底，以助腳底之勁上翻傳導。

周身合住蓄足勁，具有一觸即發之勢，同時吸氣，氣結中宮，眼注視前方。（圖10-172、圖10-173、圖10-173附圖）

圖10-173

圖10-173附圖

【動作六】接上勢。腎氣滾動，腰隙互相傳遞，腰勁向右擰轉，身體螺旋下沉，上體左轉45°；雙肩鬆開似脫，下塌外碾，內捲裡合，左催右領，引導上肢諸穴內氣機潛轉，膻中穴微內含，心氣與橫膈膜同步沉降，丹田鼓蕩勃發；雙手以右手為主，左手為賓。

右手出勁繼續逆纏，坐腕旋轉，借助旋腕轉膀之勁，遵照拳由心發的運動法則，轉臂旋拳經左前臂下方畫下弧忽然一抖即鬆，運展至身體右前上方約50公分，乘勁發出後的放鬆之機變為順纏，順直挺拔，肩順而脫，肘垂裡合，勁貫拳面，高與肩平，拳面向右前方，拳眼向內（左），拳心向下；左手入勁繼續逆纏，由掌變拳坐腕旋轉，借助旋腕轉膀之勁，經右臂上側屈肘畫下弧忽然一抖即鬆，運合至左胸前，勁貫肘尖，高與胸平，以助右拳發放，拳面向右前方，拳眼向上，拳心向內，形成左肘右拳對稱傳遞的通背勁。

圖10-174

　　同時，鬆右胯、泛左臀，前襠扣合，後襠撐開，雙腳旋騰搓步，前（左）腿扒、後（右）腿蹬，重心發至前、鬆在後，六四分成。

　　周身合住勁，同時呼氣，氣沉丹田，眼注視右手及前方。（圖10-174）

第三十二式　轉身六合（面向南）

　　【動作一】接上勢。腰勁向左旋轉，身體螺旋下沉，右轉45°；雙肩鬆開似脫，下塌外碾，前捲裡合，右催左領，膻中穴微內含，心氣與橫膈膜同步沉降；雙手以左手為主，右手為賓。

　　左手出勁變為逆纏，折腕旋轉，借助旋腕轉膀之勁經胸腹畫內下弧運至左胯內側，內掤外折，肘向裡合，高與胯平，拳面向下，拳眼向內，拳心向外（左）；右手入勁變為逆纏，折腕旋轉，借助旋腕轉膀之勁旋臂屈肘畫外上

圖10-175　　　　　　　　圖10-175附圖

弧運合至右上臂內側，上掤下折，肘向裡合，高與胸平，
拳面向下，拳眼向左偏後。

下肢動作後下弧調襠，其他動作不變。

周身合住勁，同時吸氣，氣結中宮，眼注視左手及下
方。（圖10-175、圖10-175附圖）

【動作二】接上勢。腰勁鬆塌，向右旋轉，身體螺旋
下沉；雙肩鬆開似脫，下塌外碾，前捲裡合，左催右領，
膻中穴微內含，心氣與橫膈膜同步沉降；雙手以右手為
主，左手為賓。

雙手右出左入勁繼續雙逆纏，坐腕旋轉，借助旋腕轉
膀之勁畫上弧運合至雙膝上方時，乘肩部的轉關過節變為
雙順纏，放鬆合住勁，上折下掤，肘向裡合，高與胯平，
拳面向前，拳眼向內，拳心向下。

同時，鬆左胯、泛右臀，後弧調襠，重心移於右腿，
六四分成。

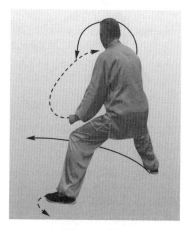

圖10-176

圖10-176附圖

　周身合住勁，同時呼氣，氣聚中宮，眼注視右手。
（圖10-176、圖10-176附圖）

　【動作三】接上勢。腎氣滾動，腰隙互為傳遞，腰勁
向右旋轉，身體螺旋上升，左轉135°；雙肩鬆開似脫，下
塌外碾，前捲裡合，右催左領，膻中穴微內含，牽動往來
氣貼背；雙手以左手為主，右手為賓。

　雙手入勁雙順纏，坐腕旋轉，借助旋腕轉膀之勁畫上
弧運合至胸前約20公分，兩手腕粘黏折疊十字交叉合住
勁，上掤下折，肘向裡合，高與胸平，右手在下，拳面向
左下方，拳眼向左偏後，拳心向下；左手在上，拳面向右
下方，拳眼向右偏後，拳心向下。

　同時，鬆左胯、泛右臀，上弧調襠，重心移於左腿，小
腹內收，關元、中極二穴共同內斂納氣，沖震命門，右腳入
勁領膝旋起，高與胯平，小腿鬆垂直豎，腳底平整，五趾微
向內收，湧泉穴虛含吸地氣之意，左腳以跟為軸外展，腰勁

圖10-177

圖10-178

順左腿向下鬆串，注入腳底，以助腳底之勁上翻傳導。

　　周身合住勁，同時一吸即呼，氣沉丹田，眼注視前方。（圖10-177）

第三十三式　左裹鞭炮（一）（面向南）

　　【動作一】接上勢。鬆腰下氣，身體螺旋下沉；雙肩鬆開似脫，下塌外碾，前捲裡合，左催右領，膻中穴微內含，心氣與橫膈膜同步沉降；雙手以右手為主，左手為賓。

　　雙手右出左入勁雙逆纏，同時坐腕旋轉，借助旋腕轉膀之勁雙手腕繼續粘黏十字交叉折疊，以下採之勁畫內下弧忽然一抖即鬆至襠前，上折下掤，肘微裡合，高與胯平，兩拳方向不變。

　　同時，鬆右胯、泛左臀，右腳出勁順左腿忽然一抖即鬆落於右腳旁，震地有聲，重心仍然偏於左腿，七三分成。

　　周身合中寓開，同時呼氣，氣聚中宮，眼注視前方。

（圖10-178）

【動作二】接上勢。腰勁一鬆，向右旋套，身體螺旋下沉；雙肩鬆開似脫，下塌外碾，前捲裡合，左催右領，膻中穴微向內含，心氣與橫膈膜同步沉降，胸腰由左向右做下弧運化動作；雙手以右手為主，左手為賓。

圖10-179

右手出勁繼續逆纏、左手入勁變為順纏，坐腕旋轉，借助旋腕轉膀之勁向右畫下弧領著勁，上折下掤，雙腕十字交叉，高與胯平，雙拳方向不變。

同時，鬆左胯、泛右臀，下弧調襠，重心移於右腿，左腳出勁向左側出步，腳尖上翹裡合，以腳拇趾領勁，腳跟內側鏟地而出。

周身合住勁，具有一觸即發之勢，同時吸氣，氣結中宮，眼注視左下方。（圖10-179）

【動作三】接上勢。腎氣滾動，腰勁向左旋轉，身體螺旋下沉；雙肩鬆開似脫，下塌外碾，前捲裡合，右催左領，膻中穴微內含，牽動往來氣貼背，丹田鼓蕩勃發；雙手以左手為主，右手為賓。

雙手出勁變為逆纏，折腕旋轉，借助旋腕轉膀之勁畫上弧忽然一抖即鬆，分別運展至身體兩側，上折下掤，肘向裡合，勁貫雙臂，高與胸平，左手拳面向左，右手拳面向右，雙拳眼向後，拳心向上。

圖10-180

同時，鬆右胯、泛左臀，上弧調襠，左前腳掌落地，五趾及時抓地，重心左移，六四分成，腰勁向下鬆串，注入腳底，以助腳底之勁上翻傳導。

周身合住勁，具有一觸即發之勢，同時呼氣，氣沉丹田，眼注視左手及左方。（圖10-180）

第三十四式　左裏鞭炮（二）（面向南）

【動作一】接上勢。腎氣滾動，腰勁橫向立圓旋轉，身體螺旋騰空旋起；雙肩鬆開似脫，下塌外碾，內捲裡合，右催左領，心氣與橫膈膜同步沉降，丹田鼓蕩勃發；雙手以左手為主，右手為賓。

雙手入勁變為順纏，折腕旋轉，借助旋腕轉膀之勁畫上弧運合至身前約35公分，上掤下折，肘向裡合，高與眼平，左手拳面向右上方，右手拳面向左上方，拳眼向內相對，拳心向下。

圖10-181　　　　　　　圖10-182

　　同時，鬆左胯、泛右臀，上弧調襠，重心移至左腿同時入勁，及時蹬地騰空躍起，右腳入勁蓋步騰起，雙腿腳在空中形成交叉狀態。

　　周身合住勁，同時吸氣，氣聚中宮，眼注視左方。（圖10-181、圖10-182）

　　【動作二】接上勢。腎氣滾動，雙腰隙鬆塌後撐，腰勁充實，身體螺旋下沉；雙肩鬆開似脫，下塌外碾，前捲裡合，膻中穴微內含，心氣與橫膈膜同步沉降；雙手左右旋轉，互為主賓。

　　雙手入勁繼續順纏，坐腕旋轉，借助旋腕轉膀之勁向身內畫下弧運合至腹前約25公分，左手在上右手在下十字交叉，上折下掤，肘向裡合，高與腹平，左拳面向右偏前，拳眼向右後方，拳心向下；右拳面向左偏前，拳眼向左後方，拳心向下。

　　同時，鬆左胯、泛右臀，隨身體與氣機下降之機，雙

圖10-183

腳出勁右先左後相繼輕靈落地，十趾及時抓地，襠勁前合後撐，重心偏於右腿，六四分成，腰勁向下鬆串，注入腳底，以助腳底之勁上翻傳導。

周身合住勁，具有一觸即發之勢，同時呼氣，氣聚中宮，眼注視左下方。（圖10-183）

【動作三】接上勢。腎氣滾動，雙腰隙互為傳遞，鬆腰下氣，命門後撐，身體螺旋下沉，丹田鼓蕩勃發；雙肩鬆開似脫，下塌外碾，右催左領，膻中穴微內含，牽動往來氣貼背；雙手以左手為主，右手為賓。

雙手出勁變為逆纏，折腕旋轉，借助旋腕轉膀之勁畫上弧忽然一抖即鬆，分別運展至身體兩側，上折下掤，肘向裡合，勁貫雙臂，高與胸平，左拳面向左方，右拳面向右方，雙拳眼向後，拳心向上。

同時，鬆右胯、泛左臀，上弧調襠，重心移於左腿，六四分成。

圖10-184

　周身合住勁，同時呼氣，氣沉丹田，眼注視左方。
（圖10-184）

第三十五式　右裹鞭炮（一）（面向北）

　【動作一】接上勢。腰勁先向左旋轉，身體螺旋下沉，上體欲左先右轉45°，接著左轉225°；雙肩鬆開似脫，下塌外碾，右催左領，膻中穴微內含，心氣與橫膈膜同步沉降；雙手以左手為主，右手為賓。
　左手出勁右手入勁變為順纏，折腕旋轉，借助旋腕轉膀之勁分別自身體兩側畫下弧隨上肢做欲左先右的動作，乘肩部的轉關過節變為雙逆纏，畫上弧折疊交叉合至腹前約25公分，上掤下折，肘向裡合，高與腹平，左拳面向右偏前，拳眼向右後方，拳心向下；右拳面向左偏前，拳眼向左後方，拳心向下。
　同時，鬆左胯、泛右臀，下弧調襠，重心右移，同時

圖10-185　　　　　　　圖10-186

以右腳跟為軸，前腳掌擦滑地面內撐扣轉，左腳入勁，左前腳掌擦滑地面畫外弧做後掃旋轉180°動作，運展於右腳左側約80公分雙腳尖向前，襠勁前合後開，重心在右，七三分成，腰勁向下鬆串，注入腳底，以助腳底之勁上翻傳導。

周身合住勁，具有一觸即發之勢，同時吸氣，氣結中宮，眼注視左下方。（圖10-185、圖10-186）

【動作二】接上勢。腎氣滾動，腰勁向左旋套，身體螺旋下沉；雙肩鬆開似脫，下塌外碾，右催左領，膻中穴微內含，牽動往來氣貼背；雙手以左手為主，右手為賓。

雙手出勁變為逆纏，折腕旋轉，借助旋腕轉膀之勁畫上弧忽然一抖即鬆，分別運展至身體兩側，上折下掤，肘向裡合，勁貫雙臂，高與胸平，左拳面向左方，右拳面向右方，拳眼皆向後，拳心向上。

同時，鬆右胯、泛左臀，上弧調襠，重心移於左腿，

圖10-187

六四分成，腰勁向下鬆串，注入腳底，以助腳底之勁上翻傳導。

　　周身合住勁，具有一觸即發之勢，同時呼氣，氣沉丹田，眼注視右手及右方。（圖10-187）

第三十六式　右裹鞭炮（二）（面向北）

　　【動作一】接上勢。腎氣滾動，腰勁橫向立圓旋轉，身體螺旋騰空旋起；雙肩鬆開似脫，下塌外碾，內捲裡合，右催左領，心氣與橫膈膜同步沉降，丹田鼓蕩勃發；雙手以左手為主，右手為賓。

　　雙手入勁繼續逆纏，折腕旋轉，借助旋腕轉膀之勁畫上弧運合至身前約35公分，上掤下折，肘向裡合，高與眼平，左手拳面向右上方，右手拳面向左上方，拳眼向內相對，拳心向下。

　　同時，鬆左胯、泛右臀，上弧調襠，重心移至左腿同

圖10-188　　　　　　　　　圖10-189

時入勁，及時蹬地騰空躍起，右腳入勁蓋步騰起，雙腳在空中形成交叉狀態。

周身合住勁，同時吸氣，氣結中宮，眼注視左方。（圖10-188、圖10-189）

【動作二】接上勢。腎氣滾動，雙腰隙鬆塌後撐，腰勁充實，身體螺旋下沉；雙肩鬆開似脫，下塌外碾，前捲裡合，膻中穴微內含，心氣與橫膈膜同步沉降；雙手左右旋轉，互為主賓。

雙手入勁繼續雙逆纏，坐腕旋轉，借助旋腕轉膀之勁向身內畫上弧運合至腹前約25公分，左手在上右手在下十字交叉，上折下掤，肘向裡合，高與腹平，左拳面向右偏前，拳眼向右後方，拳心向下；右拳面向左偏前，拳眼向左後方，拳心向下。

同時，鬆左胯、泛右臀，隨身體與氣機下降之機，雙腳出勁右先左後相繼輕靈落地，十趾及時抓地，襠勁前合

圖10-190

後撐，重心偏於右腿，六四分成，腰勁向下鬆串，注入腳底，以助腳底之勁上翻傳導。

周身合住勁，具有一觸即發之勢，同時呼氣，氣聚中宮，眼注視左下方。（圖10-190）

【動作三】接上勢。腎氣滾動，雙腰隙互為傳遞，鬆腰下氣，命門後撐，身體螺旋下沉，丹田鼓蕩勃發；雙肩鬆開似脫，下塌外碾，右催左領，膻中穴微內含，牽動往來氣貼背；雙手以左手為主，右手為賓。

雙手出勁逆纏，折腕旋轉，借助旋腕轉膀之勁畫上弧忽然一抖即鬆，分別運展至身體兩側，上折下掤，肘向裡合，勁貫雙臂，高與胸平，左拳面向左方，右拳面向右方，雙拳眼向後，拳心向上。

同時，鬆右胯、泛左臀，上弧調襠，重心移於左腿，六四分成。

周身合住勁，同時呼氣，氣沉丹田，眼注視右方。

圖10-191

（圖10-191）

第三十七式　獸頭勢（面向東北）

【動作一】接上勢。腎氣滾動互相傳遞，腰勁向左轉動，身體螺旋下沉，右轉45°，丹田鼓蕩勃發；雙肩鬆開似脫，下塌外碾，前捲裡合，左旋右轉，互為催領，膻中穴微內含，心氣與橫膈膜同步沉降；雙手轉換有序，互為主賓。

右手先出後入勁變為順纏，折腕旋轉，借助旋腕轉膀之勁畫外上弧經身體前與左手臂下方交叉而過，忽然一抖即鬆至胸前約10公分，內折外掤，肘向裡合，高與胸平，拳面向左偏上，拳眼向上偏右，拳心向內；左手先入後出勁變為順纏，折腕旋轉，借助旋腕轉膀之勁畫上弧經身體前與右手臂上方交叉而過，忽然一抖即鬆，肘向裡合，高與肩平，拳面向右偏上，拳眼向左上方，拳心向內。

圖10-192

圖10-192附圖

　　同時，鬆右胯、泛左臀，背絲扣調襠，重心移至左腿，右腳以先入後出勁，前腳掌擦滑地面經左腳內側畫內弧向右後方忽然一抖即鬆，腳跟頓地有聲，重心偏於左腿，六四分成。

　　周身合住勁，同時一吸即呼，氣聚中宮，眼注視左手。（圖10-192、圖10-192附圖）

　　【動作二】接上勢。腎氣滾動，腰勁一鬆向右旋轉，身體螺旋下沉，左轉90°；雙肩鬆開似脫，下塌外碾，左催右領，膻中穴微內含，心氣與橫膈膜同步沉降；雙手以右手為主，左手為賓。

　　右手出勁順纏，折腕旋轉，借助旋腕轉膀之勁畫上弧運展至身體右前方約40公分，內折外掤，肘向裡合，高與肩平，拳面向左上方，拳眼向上偏右，拳心向內；左手入勁順纏，折腕旋轉，借助旋腕轉膀之勁自右手臂下方畫下弧運合至胸前約15公分，內折外掤，肘微裡合，高與胸

圖10-193　　　　　圖10-193附圖

平，拳面向右，拳眼向上，拳心向內。

　　同時，鬆左胯、泛右臀，後弧調襠，重心移至右腿，左腳向右畫後外弧，以前腳掌擦滑地面合至右腳內側，雙腿不丁不八，重心偏於右腿，八二分成。

　　周身合住勁，繼續一吸即呼，氣沉丹田，眼注視右手。（圖10-193、圖10-193附圖）

第三十八式　劈架子（面向東南）

　　【動作一】接上勢。腎氣縱向滾動，腰勁向左旋轉，身體螺旋騰起，右轉180°；雙肩鬆開似脫，下塌外碾，前捲裡合，左催右領，膻中穴微內含，牽動往來氣貼背，丹田鼓蕩勃發；雙手以右手為主，左手為賓。

　　右手出勁變為逆纏，由拳變掌坐腕旋轉，借助旋腕轉膀之勁自身體右前方畫上弧運展至身體左前方約35公分，上折下捧，肘向裡合，高與腹平，手指鬆直向左偏前，掌

圖10-194　　　　　　　　　圖10-195

心向下；左手入勁變為順纏，由拳變掌坐腕旋轉，借助旋腕轉膀之勁畫下弧運展至身體右胯前，上掤下折，肘向裡合，高與胯平，手指鬆直向右偏前，掌心向上，雙手以前臂右上左下十字交叉粘黏折疊於腹前，合住勁。

　　同時，鬆左胯、泛右臀，雙腳入勁右先左後騰空躍起，利用空中擰腰、調襠、轉身的協調動作，雙腳出勁右先左後落地無聲（呈現輕靈態勢），重心偏於右腿，六四分成，腰勁向下鬆串，注入腳底，以助腳底之勁上翻傳導。

　　周身合住勁，具有一觸即發之勢，同時一吸即呼，氣聚中宮，眼注視左下方。（圖10-194、圖10-195）

　　【動作二】接上勢。腎氣滾動，腰勁向左旋轉，身體螺旋下沉；雙肩鬆開似脫，下塌外碾，內捲裡合，右催左領，膻中穴微內含，牽動往來氣貼背，丹田鼓蕩勃發；雙手以左手為主，右手為賓。

圖10-196

　　左手出勁變為逆纏，坐腕旋轉，借助旋腕轉膀之勁畫上弧忽然一抖即鬆，運展至身體左側上方，上掤下折，肘向裡合，高與肩平，手指鬆直向左偏上，掌心向上；右手入勁變為順纏，坐腕旋轉，借助旋腕轉膀之勁畫上弧忽然一抖即鬆，運展至身體右側上方，上折下掤，肘向裡合，高與胸平，手指鬆直向右，掌心向下。

　　同時，鬆右膀、泛左臀，下弧調襠，重心左移，雙腳旋騰向左方搓步，前（左）腳扒、後（右）腳蹬，重心發在前、鬆至後，六四分成。

　　周身合住勁，具有一觸即發之勢，同時呼氣，氣沉丹田，眼注視左手及左前方。（圖10-196）

第三十九式　翻花舞袖（面向東）

　　【動作】接上勢。腎氣滾動，腰隙互為傳遞，腰勁向右旋轉，身體螺旋升騰，向左轉體45°；雙肩鬆開似脫，

下塌外碾，內捲裡合，左右旋轉，互相催領傳遞，膻中穴微內含，牽動往來氣貼背，丹田鼓蕩勃發；雙手轉換有序，互為主賓。

左手先出後入勁繼續逆纏，坐腕旋轉，借助旋腕轉膀之勁畫上弧向身內運合，乘肩部的轉關過節變為順纏，畫下弧忽然一抖即鬆，做舞袖動作，運合至左胯外側，上折下捌，肘向裡合，高與胯平，手指鬆直向下，掌心向內；右手先入後出勁變為逆纏，坐腕旋轉，借助旋腕轉膀之勁畫下弧向身體右側外展，待展至將展未展之機，乘肩部的轉關過節變為順纏，畫上弧忽然一抖即鬆，做舞袖動作，運展至身體右前上方約45公分，上折下捌，肘向裡合，高與肩平，手指鬆直向前上方，掌心向下。

同時，鬆左胯、泛右臀，小腹內收，關元與中極二穴共同內斂納氣，沖震命門，下閉穀道，膼口納氣順脊直上，乘鬆胯圓襠，雙腳先出後入勁分別左先右後旋轉騰起，在空中合住勁，雙腳換位右前左後；乘身體向下降落之機，雙腳出勁分別左先右後相繼落地，震地雙聲，重心偏右，六四分成，腰勁向下鬆串，注入腳底，以助腳底之勁上翻傳導。

周身合住勁，具有一觸即發之勢，同時一吸即呼，氣沉丹田，眼注視右手及前方。（圖10-197、圖10-

圖10-197

圖10-198　　　　　　　　圖10-198附圖

198、圖10-198附圖）

第四十式　掩手肱捶（面向東）

【動作】與第十七式「掩手肱捶」的動作完全相同，參見圖10-106—圖10-111，定勢動作。（圖10-199）

第四十一式　伏虎（面向東南）

【動作一】接上勢。腎氣滾動，腰隙左右旋轉傳遞，各領半身轉動，腰勁向左旋套，身體螺旋下沉，上體右轉45°；雙肩鬆開似脫，下塌外碾，左旋右轉，互相催領傳遞，引導上肢諸穴內氣機潛轉，膻中穴微內含，心氣與橫膈膜同步沉降，胸腰自右向左做上弧運化動作；雙手以左手為主，右手為賓。

左手先入後出勁變為順纏，坐腕旋轉，借助旋腕轉膀之勁自身體左胸前畫下弧運至身體左前方時，乘肩部的轉

圖10-199　　　　　　　　圖10-200

關過節變為逆纏，改為畫上弧運展至身體左側上方，上掤
下折，肘向裡合，高與肩平，拳面向左偏上，拳眼向上，
拳心向左前；右手先出後入勁變為逆纏，坐腕旋轉，借助
旋腕轉膀之勁畫下弧向身體右側纏繞小半圈，乘肩部的轉
關過節變為順纏，畫上弧運展至身體中線前約45公分，外
折內掤，肘向裡合，高與肩平，拳面向上，拳眼向內，拳
心向內（左）。

　　同時，鬆右胯、泛左臀，下弧調襠，重心移於左腿，
右腳出勁，以腳跟內側向右方鏟出小半步，重心左六右四
分成。

　　周身合住勁，同時吸氣，氣結中宮，眼注視右前方。
（圖10-200）

　　【動作二】接上勢。腰勁繼續左旋，身體螺旋下沉，
上體右轉30°；雙肩鬆開似脫，下塌外碾，前捲裡合，左
催右領，膻中穴微內含，心氣與橫膈膜同步沉降；雙手以

圖10-201

左手為主，右手為賓。

　　左手出勁變為順纏，折腕旋轉，借助旋腕轉膀之勁畫上弧運展至身體前約45公分，內折外掤，肘向裡合，高與鼻平（促使左前臂意加掤勁，顯示「寬面肘」法），拳面向上，拳眼向左偏前，拳心向內；右手入勁繼續順纏，折腕旋轉，借助旋腕轉膀之勁畫外下弧運合至右膝外側，上折下掤，肘向裡合，高與膝平，拳面向右偏前，拳眼向右後方，拳心向上。

　　同時，鬆右胯、泛左臀，後弧調襠，重心繼續左移，七三分成。

　　周身合住勁，同時呼氣，氣聚中宮，眼注視右手及前方。（圖10-201）

　　【動作三】接上勢。腰勁向右旋轉，身體螺旋下沉，上體左轉30°；雙肩鬆開似脫，下塌外碾，前捲裡合，左催右領，膻中穴微內含，牽動往來氣貼背；雙手以右手為

圖10-202

主，左手為賓。

右手出勁變為逆纏，折腕旋轉，借助旋腕轉膀之勁畫外上弧運展至身體右前上方約40公分，內折外掤，肘向裡合，高與眼平，拳面向左前方，拳眼向左後方，拳心向下偏內；左手入勁變為順纏，折腕旋轉，借助旋腕轉膀之勁畫內下弧運合至左胯內側，上折下掤，肘微裡合，高與胯平，拳面向內（右），拳眼向前，拳心向上偏內。

同時，鬆左胯、泛右臀，後下弧調襠，右腳前掌落下，五趾及時抓地，重心移於右腿，六四分成。

周身合住勁，同時一吸即呼，氣沉丹田，眼注視前方。（圖10-202）

第四十二式　抹眉紅（面向南）

【動作一】接上勢。腎氣滾動，腰勁向右旋轉，身體螺旋下沉，左轉45°；雙肩鬆開似脫，下塌外碾，前捲裡

合，左催右領，胸腰自左向右做下弧運化動作，心氣與橫膈膜同步沉降；雙手以右手為主，左手為賓。

右手出勁繼續逆纏，由拳變掌坐腕旋轉，借助旋腕轉膀之勁畫上弧運合至右耳旁，外折內掤，肘向裡合，高與耳平，手指鬆直向內偏上，掌心向左；左手入勁變為逆纏，折腕旋轉，借助旋

圖10-203

腕轉膀之勁自左膀前畫上弧向身內微微纏繞，內折外掤，肘微裡合，拳面向內（右），拳眼向前，拳心向上。

同時，鬆左膀、泛右臀，下弧調襠，重心繼續右移，七三分成。

周身合住勁，同時吸氣，氣結中宮，眼注視左前方。（圖10-203）。

【動作二】接上勢。腎氣滾動，腰勁向右旋套，身體螺旋下沉，先左轉後右轉45°；雙肩鬆開似脫，下塌外碾，前捲裡合，左催右領，膻中穴微內含，胸腰自左向右做下弧運化動作，心氣與橫膈膜同步沉降；雙手以右手為主，左手為賓。

右手出勁變為順纏，坐腕旋轉，借助旋腕轉膀之勁畫下弧運合至右胸前，上折下掤，肘微裡合，高與肩平，手指鬆直向上，掌心向前；左手入勁變為順纏，折腕旋轉，借助旋腕轉膀之勁畫下弧運合至腹臍前，上折下掤，肘向

圖10-204　　　　　　　　圖10-205

裡合，高與臍平，拳面向內（右），拳眼向前，拳心向
上。

　　同時，鬆右胯、泛左臀，上弧調襠，重心移至左腿，
右腳出勁向右側撤小半步，乘胯部的轉關過節，下弧調
襠，重心移至右腿，隨即鬆左胯、泛右臀，小腹內收，關
元、中極二穴共同納氣，沖震命門，左腳入勁領起左膝旋
起，高與胯平，小腿鬆垂直豎，腳底平整，五趾微收，湧
泉穴內含吸地氣之意。

　　周身合住勁，具有一觸即發之勢，同時吸氣，氣結中
宮，眼注視左前方。（圖10-204、圖10-205）

　　【動作三】接上勢。腰勁鬆塌，身體螺旋下沉；雙肩
鬆開似脫，下塌外碾，前捲裡合，左催右領，膻中穴微內
含，牽動往來氣貼背；雙手以右手為主，左手為賓。

　　右手出勁變為順纏，坐腕旋轉，借助旋腕轉膀之勁隨
鬆肩垂肘畫下弧運合至右胸前約10公分，上折下捌，肘向

裡合，高與肩平，手指鬆直向上，拳心向前；左手入勁繼續順纏，折腕旋轉，借助旋腕轉膀之勁微畫下弧運至左腹前，上折下掤，肘向裡合，高與腹平，拳面向內，拳眼向外（右），拳心向上。

同時，鬆右胯、泛左臀，左腳出勁向身體左側約40公分踏地墊步，重心偏於左腿，七三分成，腰勁向下鬆串，注入腳底，以助腳底之勁上翻傳導。

周身合中寓開，同時呼氣，氣聚中宮，眼注視左方。（圖10–206）

【動作四】接上勢。腎氣滾動，腰勁向右旋轉，身體螺旋騰空而起，左轉90°；雙肩鬆開似脫，下塌外碾，內捲裡合，左催右領，膻中穴微內含，心氣與橫膈膜一提即降，丹田鼓蕩勃發；雙手以右手為主，左手為賓。

右手出勁變為逆纏，坐腕旋轉，借助旋腕轉膀之勁畫上弧向身體右側上方運展，乘身體騰空躍至最高點之機，凌空發掌，一抖即鬆，上折下掤，勁貫掌根，肘向裡合，高與肩平，手指鬆直向上偏左，掌心向前；左手入勁變為逆纏，順腕旋轉，借助旋腕轉膀之勁畫下弧忽然一抖即鬆，運合至左腹前，內折外掤，肘向裡合，高與腹平，拳面向內（右），拳眼向上，拳心向內。

同時，鬆右胯、泛左臀，下弧調襠，重心移於左腿，右腳先出後入勁屈膝旋起，左腳以先出後入勁及時蹬地助力，身體一躍，騰空旋起。

周身合住勁，同時一呼即吸，氣結中宮，眼注視右前方。（圖10–207）

【動作五】接上勢。腎氣滾動，腰勁向右旋轉，身體

圖10-206　　　　　　　　圖10-207

螺旋下沉，左轉180°；雙肩鬆開似脫，下塌外碾，前捲裡
合，左催右領，膻中穴微內含，心氣與橫膈膜同步沉降；
雙手以右手為主，左手為賓。

　　右手出勁繼續逆纏，坐腕旋轉，借助旋腕轉膀之勁隨
身法旋轉畫上弧運展至身體右側上方，上折下掤，肘向裡
合，高與眼平，手指鬆直向上偏右，掌心向外（右）；左
手入勁變為順纏，折腕旋轉，借助旋腕轉膀之勁自左腹前
畫下弧微微一鬆，繼續粘黏腹部，外掤內折，肘向裡合，
高與臍平，拳面向內（右），拳眼向上，拳心貼腹。

　　乘身體降落之機，雙腳同時出勁分別右先左後相繼輕
靈落地，雙腳相距約60或80公分（根據自己功夫而
定）。

　　同時，鬆左胯，泛右臀，下弧調襠，重心移於右腿，
六四分成。

　　周身合住勁，同時呼氣，氣沉丹田，眼注視右手。

圖10-208

（圖10-208）。

第四十三式　右黃龍三攬水（面向北）

【動作一】接上勢。腰勁向左旋套，身體螺旋下沉，右轉45°；雙肩鬆開似脫，下塌外碾，前捲裡合，左催右領，膻中穴微內含，心氣與橫膈膜同步沉降；雙手以右手為主，左手為賓。

右手出勁變為順纏，坐腕旋轉，借助旋腕轉膀之勁畫下弧運合至腹臍前約40公分，外（右）折內掤，肘向裡合，高與胯平，手指鬆直向前偏下，掌心向內（左）；左手入勁變為逆纏，坐腕旋轉，借助旋腕轉膀之勁畫上弧運合粘黏至左軟肋下方，上折下掤，肘向裡合，虎口撐圓，高與臍平，手指鬆直向內（右），掌心向下。

同時，鬆右胯、泛左臀，下弧調襠，重心移於左腿，右腳出勁向身體右後側出小半步，重心左七右三分成。

圖10-209

　　周身合住勁，同時吸氣，氣結中宮，眼注視右下方。
（圖10-209）

　　【動作二】接上勢。腎氣滾動，腰勁向左旋轉，身體
螺旋下沉，向右轉體135°；雙肩鬆開似脫，下塌外碾，前
捲裡合，右催左領，膻中穴微內含，心氣與橫膈膜同步沉
降；雙手以左手為主，右手為賓。

　　左手出勁繼續逆纏，坐腕旋轉，借助旋腕轉膀之勁微
畫下弧自左腰部纏繞小半圓，上折下掤，肘微裡合，高與
臍平，手指、掌心與上勢相同；右手入勁變為逆纏，坐腕
旋轉，借助旋腕轉膀之勁畫上弧運展至身體右側上方約50
公分，上折下掤，肘微裡合，高與眼平，手指鬆直向上偏
左，掌心向外。

　　同時，鬆左胯、泛右臀，右腳以跟為軸腳尖外擺
135°，後弧調襠，重心移至右腿，左腳以大指領勁畫上弧
虛點至右腳內側約30公分，雙腳不丁不八，重心偏右，八

二分成。

　　周身合住勁，同時呼氣，氣沉丹田，眼注視右手，完成第一次「右攪水」動作。（圖10-210）

圖10-210

　　【動作三】接上勢。腎氣滾動，雙腰隙互為傳遞，腰勁向右旋轉，身體螺旋下沉，向左轉體135°；雙肩鬆開似脫，下塌外碾，前捲裡合，左催右領，膻中穴微內含，牽動往來氣貼背；雙手以右手為主，左手為賓。

　　右手出勁變為順纏，坐腕旋轉，借助旋腕轉膀之勁畫下弧運合至腹前約40公分，外（右）折內掤，肘向裡合，高與胯平，手指鬆直向前偏下，掌心向內（左）；左手入勁變為順纏，坐腕旋轉，借助旋腕轉膀之勁微畫下弧在左肋下方纏繞，上折下掤，肘向裡合，虎口撐圓，粘黏肋部，高與臍平，手指鬆直四指向前，拇指向後，掌心向內。

　　同時，鬆右胯、泛左臀，左腳出勁隨轉體向左後撤步，下弧調襠，重心左移，右腳出勁向右側出小半步，以右腳跟內側鏟地而出，重心在左，七三分成。

　　周身合住勁，同時吸氣，氣結中宮，眼注視右手及右下方。（圖10-211）

　　【動作四】與本式動作二相同，完成第二次「右攪水」。（圖10-212）

圖10-211

圖10-212

圖10-213

圖10-214

【動作五】與本式動作三相同。（圖10-213）

【動作六】與本式動作二相同，完成第三次「右攬水」動作。（圖10-214）

第四十四式　左黃龍三攪水（面向南）

【動作一】接上勢。腎氣滾動，雙腰隙互為傳遞，腰勁向右旋轉，身體螺旋下沉，向左轉體135°；雙肩鬆開似脫，下塌外碾，前捲裡合，左催右領，膻中穴微內含，牽動往來氣貼背；雙手以右手為主，左手為賓。

右手出勁變為順纏，坐腕旋轉，借助旋腕轉膀之勁畫下弧運合至腹前約40公分，外（右）折內掤，肘向裡合，高與胯平，手指鬆直向前偏下，掌心向內（左）；左手入勁變為順纏，坐腕旋轉，借助旋腕轉膀之勁微畫下弧在左肋下方纏繞，上折下掤，肘向裡合，虎口撐圓，粘黏肋部，高與臍平，手指鬆直，拇指向後，其餘四指向前，掌心向內。

同時，鬆右胯、泛左臀，左腳出勁隨轉體向左後撤步，下弧調襠，重心左移，右腳出勁向右側出小半步，以右腳跟內側鏟地而出，重心在左，七三分成。

周身合住勁，同時吸氣，氣結中宮，眼注視右手及右下方。（圖10–215）

【動作二】接上勢。腎氣滾動，腰隙互為傳遞，腰勁向左旋轉，身體螺旋騰升，右轉90°；雙肩鬆開似脫，下塌外碾，內捲裡合，右催左領，膻中穴微內含，

圖10-215

圖10-216

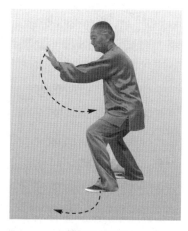

圖10-217

牽動往來氣貼背，丹田鼓蕩勃發；雙手以左手為主，右手為賓。

左手出勁變為逆纏，坐腕旋轉，借助旋腕轉膀之勁畫下弧運展至身體左側上方，乘肩部的轉關過節變為順纏，忽然一抖即鬆，畫上弧運展至身體左前上方約50公分，上折下搠，肘向裡合，高與眼平，手指鬆直向前偏上，掌心向前上方；右手入勁變為逆纏，坐腕旋轉，借助旋腕轉膀之勁畫上弧忽然一抖即鬆，運合至右胯外側，上折下搠，肘向裡合，高與胯平，手指鬆直向前，掌心向下。

同時，鬆右胯、泛左臀，雙腳先入後出勁騰空跳起，空中左（前）右（後）換步，落地震地雙聲，重心偏於左腿，六四分成。

周身合住勁，同時一吸即呼，氣聚中宮，眼注視左手及前方。（圖10-216、圖10-217）

【動作三】接上勢。腰勁向左旋轉，身體螺旋下沉，

右轉45°；雙肩鬆開似脫，下塌外碾，前捲裡合，右催左領，膻中穴微內含，心氣與橫膈膜同步沉降；雙手以左手為主，右手為賓。

左手出勁繼續順纏，坐腕旋轉，借助旋腕轉膀之勁畫下弧運合至腹前約35公分，外折內掤，肘向裡合，高與胯平，手指鬆直向前偏下，掌心向內（右）；右手入勁變為順纏，坐腕旋轉，借助旋腕轉膀之勁畫上弧運合至右肋下方，上折下掤，肘微裡合，虎口撐圓，撐於腰間，高與臍平，手指鬆直，拇指向後，其餘四指向前，掌心向內。

同時，鬆左胯、泛右臀，下弧調襠，重心移於右腿，左腳出勁，腳尖上翹裡合，向身體左側出小半步，以腳跟內側鏟地而出。

周身合住勁，同時吸氣，氣結中宮，眼注視左下方。（圖10–218）

【動作四】接上勢。腰勁向右旋轉，身體螺旋下沉，左轉135°；雙肩鬆開似脫，下塌外碾，前捲裡合，左催右領，膻中穴微內含，牽動往來氣貼背；雙手以右手為主，左手為賓。

右手出勁變為逆纏，坐腕旋轉，借助旋腕轉膀之勁畫下弧在右腰上領著勁，上折下掤，肘微裡合，高與臍平，虎口撐圓，撐於右腰間，掌心向內；左手入勁變為逆纏，坐腕旋轉，借助旋腕轉膀之勁畫上弧運展至身體左側上方約45公分，內折外掤，肘向裡合，高與眼平，手指鬆直向上偏內，掌心向外。

同時，鬆右胯、泛左臀，下弧調襠，乘重心左移之機，左腳尖外擺90°落地踏實，五趾及時抓地，右腳先入

圖10-218

圖10-219

後出勁畫上弧以前腳掌點於左腳內側約30公分，雙腳不丁不八，重心左八右二分成。

周身合住勁，同時呼氣，氣沉丹田，眼注視左手及前方，完成第一次「左攬水」動作。（圖10-219）

【動作五】接上勢。腰勁向左旋轉，身體螺旋下沉，右轉135°；雙肩鬆開似脫，下塌外碾，前捲裡合，右催左領，膻中穴微內含，心氣與橫膈膜同步沉降；雙手以左手為主，右手為賓。

左手出勁變為順纏，坐腕旋轉，借助旋腕轉膀之勁畫下弧運合至腹前約40公分，外折內掤，肘向裡合，高與胯平，手指鬆直向前偏下，掌心向內（右）；右手入勁變為順纏，坐腕旋轉，借助旋腕轉膀之勁畫下弧運合至右腰間，上折下掤，肘微裡合，高與臍平，虎口撐圓，撐於右腰間，掌心向內。

同時，鬆左胯、泛右臀，右腳出勁向右後方出步，乘

圖10-220　　　　　　　　圖10-221

下弧調襠，重心移向右腿，左腳以跟部為軸，腳尖向裡扣合90°，重心偏右，六四分成。

　　周身合住勁，同時吸氣，氣結中宮，眼注視左手及左下方。（圖10-220）

　　【動作六】與本式動作四相同，完成第二次「左攪水」動作。（圖10-221）

　　【動作七】與本式動作五相同。（圖10-222）

　　【動作八】與本式動作四相同，完成第三次「左攪水」動作。（圖10-223）

第四十五式　左蹬一跟（面向北）

　　【動作一】與第四十四式「左黃龍三攪水」的動作五相同。（圖10-224）

　　【動作二】接上勢。腰勁繼續向左旋轉，身體螺旋下沉，右轉45°；雙肩鬆開似脫，下塌外碾，右催左領，膻

圖10-222

圖10-223

圖10-224

中穴微內含，心氣與橫膈膜同步沉降；雙手以左手為主，右手為賓。

雙手左出右入勁變為雙逆纏，坐腕旋轉，借助旋腕轉膀之勁畫上弧分別運至身體左右兩側，乘肩部的轉關過節

變為雙順纏，畫下弧運合至腹前約20公分，外折內掤，雙肘裡合，手腕（左外右內）粘黏折疊交叉，高與胯平，手背相對並含相吸之意，手指鬆直向下，掌心分向左右。

同時，鬆左胯、泛右臀，下弧調襠，重心繼續右移，左腳入勁畫後弧收合於右腳內側約20公分，前腳掌虛點地面，雙腳不丁不八，重心右八左二分成。

周身合住勁，同時呼氣，氣聚中宮，眼注視前方。（圖10-225、圖10-226、圖10-226附圖）

【動作三】接上勢。鬆腰下氣，身體螺旋下沉；雙肩鬆開似脫，下塌外碾，自

圖10-225

圖10-226

圖10-226附圖

圖10-227　　　　　　　　圖10-227附圖

前向後旋轉一圈後，前捲裡合，胸背開合有度，胸腰折疊
蛹動有序，膻中穴微內含，牽動往來氣貼背；雙手以左手
為主，右手為賓。

　　雙手先出後入勁變為雙逆纏，坐腕旋轉，借助旋腕轉
膀之勁畫下弧向襠前一鬆，乘肩部的轉關過節由掌變拳雙
順纏，折腕畫上弧運合至胸前約25公分，再度變為雙逆
纏，落點放鬆合住勁，下折上掤，肘向裡合，高與胸平，
手腕粘黏折疊交叉，左上右下，拳面向前下方，左拳眼向
右後方，右拳眼向左後方，雙拳心向下。

　　同時，鬆右胯、泛左臀，小腹內收，關元與中極二穴
共同內斂納氣，沖震命門，左腳入勁領膝旋起，高與胯
平，小腿鬆垂直豎，腳底平整，五趾微向內收，湧泉穴含
吸地氣之意，以助腳底之勁上翻傳導。

　　周身合中寓開，具有一觸即發之勢，同時吸氣，氣結
中宮，眼注視前方。（圖10-227、圖10-227附圖）

圖10-228

【動作四】接上勢。腎氣滾動，腰隙傳遞，丹田鼓蕩勃發，腰勁向右旋轉，身體螺旋下沉；雙肩鬆開似脫，下塌外碾，內捲裡合，並爭衡對拉拔長，膻中穴微內含，心氣和橫隔膜同步沉降；雙手以左手為主，右手為賓。

雙手出勁繼續逆纏，折腕旋轉，借助旋腕轉膀之勁分別畫下弧經腋下向身體左右兩側上方順腕猛然一抖即鬆，其勁落點後及時變為雙順纏，放鬆還原，上掤下折，高與肩平，拳面各向身體左右兩側上方，拳眼向前，拳心向下。

同時，鬆右胯、泛左臀，左腳出勁以腳跟發勁向身體左側橫腳一抖（與雙手同步）即鬆，腳底平整向左，五趾一鬆即收，高不過肋，低不過胯（勁要一吐即收，形須一抖即鬆）。腰勁順右腿向下鬆串，注入腳底植地生根。

周身開中寓合，同時呼氣，氣沉丹田，眼注視左手腳及左方。（圖10-228）

第四十六式 右蹬一跟（面向南）

【動作一】按上勢。腰勁向右旋轉，身體螺旋下沉，向左轉體180°；雙肩鬆開似脫，下塌外碾，前捲裡合，左催右領，膻中穴微內含，胸腰自右向左做下弧運化動作，牽動往來氣貼背；雙手以右手為主，左手為賓。

雙手入勁繼續順纏，坐腕旋轉，借助旋腕轉膀之勁自身體左右兩側放鬆運合至腹前約20公分，內折外掤，雙肘裡合，手腕（左外右內）粘黏折疊交叉，高與胯平，手背相對並含相吸之意，拳面向下，拳心分向左右。

同時，鬆右胯、泛左臀，左腳一出即入勁畫下弧落於右腳外側偏前約35公分，左腳外擺，乘胯部的轉關過節，下弧調襠，重心移至左腿，七三分成，右腳跟隨腿移虛提起，向外側擰轉。

周身合住勁，同時一吸即呼，氣聚中宮，眼注視右前方。（圖10-229）

【動作二】接上勢。鬆腰下氣，身體螺旋下沉；雙肩鬆開似脫，下塌外碾，自前向後旋轉一圈後，前捲裡合，胸背開合有度，胸腰折疊蛹動有序，膻中穴微內含，牽動往來氣貼背；雙手以右手為主，左手為賓。

雙手先出後入勁變為雙逆纏，坐腕旋轉，借助旋腕

圖10-229

轉膀之勁畫下弧向襠前一鬆，乘雙肩部的轉關過節變為雙順纏，折腕畫上弧運合至胸前約25公分，再變為雙逆纏，落點放鬆合住勁，上掤下折，雙肘裡合，高與胸平，手腕粘黏折疊交叉，左上右下，拳面向前下方，拳眼向後方，拳心向內偏下。

同時，鬆左胯、泛右臀，小腹內收，關元與中極二穴共同內斂納氣，沖震命門，右腳入勁領膝旋起，高與胯平，小腿鬆垂直豎，腳底平整，五趾微向內收，湧泉穴虛含吸地氣之意，腰勁順左腿向下鬆串，注入腳底植地生根，以助腳底之勁上翻傳導。

周身合中寓開，具有一觸即發之勢，同時吸氣，氣聚中宮，眼注視前方。（圖10-230）

【動作三】接上勢。腎氣滾動，腰隙傳遞，丹田鼓蕩勃發，腰勁向左旋套，身體螺旋下沉；雙肩鬆開似脫，下塌外碾，內捲裡合，並掙衡對拉拔長，膻中穴微內含，心氣與橫膈膜同步沉降；雙手以右手為主，左手為賓。

雙手出勁繼續逆纏，折腕旋轉，借助旋腕轉膀之勁畫下弧經腋下分別向身體左右兩側上方順腕繃出，一抖即鬆，落點後變為雙順纏，及時放鬆，雙肘裡合，高與肩平，拳面各向左右，拳眼向前，拳心向下。

同時，鬆左胯、泛右臀，右腳出勁以腳跟領勁向身體右側橫腳繃彈而出（與雙手所發之勁合為一體），腳尖向前，勁貫腳跟，腳底平整向右，五趾一鬆即收（勁要一吐即收，形須一抖即鬆），高不過肋，低不過胯，腰勁順左腿向下鬆串，注入腳底植地生根。

圖10-230　　　　　　　圖10-231

　　周身開中寓合，同時呼氣，氣沉丹田，眼注視右手腳。
（圖10-231）

第四十七式　海底翻花（面向西）

　　【動作一】接上勢。鬆腰下氣，身體螺旋下沉；雙肩
鬆開似脫，下塌外碾，內捲裡合，膻中穴微內含，心氣與
橫膈膜同步沉降；雙手以右手為主，左手為賓。

　　雙手入勁繼續雙順纏，坐腕旋轉，借助旋腕轉膀之勁
畫下弧沉運至身體左右兩側下方，上折下掤，雙肘裡合，
高與腹平，拳面各向左右，拳眼向上，拳心向前。

　　同時，鬆左胯、泛右臀，小腹的關元與中極二穴共同
內斂納氣，沖震命門，右腳出勁沉降，以腳拇趾領勁，腿
部微彎曲放鬆下沉，高與胯平，襠勁撐圓，腰勁順左腿內
側向下鬆串，注入腳底植地生根。

　　周身合住勁，有一觸即發之勢，同時吸氣，氣結中

圖10-232

宮，眼注視右下方。（圖10-232）

【動作二】接上勢。腎氣滾動，腰隙互相傳遞，腰勁向左螺旋運動，身體螺旋下沉，右轉90°；雙肩鬆開似脫，下塌外碾，內捲裡合，右催左領，膻中穴微內含，牽動往來氣貼背，丹田鼓蕩勃發；雙手以左手為主，右手為賓。

左手出勁變為逆纏，折腕旋轉，借助旋腕轉膀之勁畫下弧向身體左側運展，乘手臂運至將展未展之機，借助肩部的轉關過節變為順纏，畫下弧忽然一抖即鬆，上升運展至身體左側上方，內折外掤，肘向裡合，高與耳平，拳面向上，拳眼向後，拳心向右（拳像水底翻花狀態）；右手入勁繼續順纏，折腕旋轉，借助旋腕轉膀之勁，屈肘畫下弧運合至小腹前時，乘肩部的轉關過節，經胸前畫上弧忽然一抖即鬆，運合至右胯外側，上折下掤，肘向裡合，高與胯平，拳面向右微偏前方，拳眼向右後方，拳心向上。

同時，鬆左胯、泛右臀，引導小腹的關元與中極二穴

圖10-233

圖10-233附圖

共同內斂納氣，沖震命門，促使右腳繼續入勁畫下弧收回，膝蓋旋起上提小於90°，高與胯平，腰勁順左腿內側向下鬆串，注入腳底植地生根，以助腳底之勁上翻傳導。

周身合住勁，具有一觸即發之勢，同時呼氣，氣沉丹田，眼注視前方。（圖10-233、圖10-233附圖）

圖10-234

第四十八式　掩手肱捶（面向西）

【動作】接上勢。與第三十一式「掩手肱捶」動作一至動作六相同，參見圖10-168—圖10-173，定勢。（圖10-234）

第四十九式　掃蹚腿（轉脛炮）（面向東）

【動作一】接上勢。腰勁向左旋轉，身體螺旋下沉，右轉90°；雙肩鬆開似脫，下塌外碾，內捲裡合，右催左領，膻中穴微內含，心氣與橫膈膜同步沉降；雙手以左手為主，右手為賓。

雙手左出右入勁變為雙逆纏，折腕旋轉，借助旋腕轉膀之勁分別自身體右前上方與左胸前微畫下弧向外一展，乘肩部的轉關過節變為順纏，畫上弧運展至身體左側上方和左肘內側，外掤內折，肘向裡合，分別高與肩和胸平，拳面向上，拳眼分向左右，拳心向內。

同時，鬆右胯、泛左臀，後弧調襠，重心移於左腿，左腳尖內扣45°，右腳入勁向左畫後外弧，以前腳掌擦滑地面運合至左腳內側，雙腳不丁不八，重心偏左，八二分成。

周身合住勁，同時吸氣，氣結中宮，眼注視前方。（圖10-235）

【動作二】接上勢。鬆腰下氣，身體螺旋下沉；雙肩鬆開似脫，下塌外碾，內捲裡合，右催左領，膻中穴微內含，牽動往來氣貼背；雙手以左手為主，右手為賓。

雙手左出右入勁繼續順纏，折腕旋轉，借助旋腕轉膀之勁分別自身體左側上方和左肘內側畫上弧向上領著勁，內折外掤，肘向裡合，分別高與嘴和胸平，拳面、拳眼、拳心不變。

同時，鬆左胯、泛右臀，小腹內收，引導關元、中極二穴收斂納氣，沖震命門，右腳入勁旋膝上領，高與胯

圖10-235　　　　　　　　　圖10-236

平，小腿鬆垂直豎，腳底平整無偏，五趾微收，湧泉穴含吸地氣之意，重心全部移至左腿立穩，腰勁順左腿向下鬆串，注入腳底植地生根，以助腳底之勁上翻傳導。

　　周身渾然一體，構成負陰抱陽之狀，繼續吸氣，氣結中宮，眼注視前方。（圖10-236）

　　【動作三】接上勢。鬆腰下氣，身體螺旋下沉，丹田勃發鼓蕩；雙肩鬆開似脫，下塌外碾，內捲裡合，左催右領，膻中穴微內含，心氣與橫膈膜同步沉降；雙手以右手為主，左手為賓。

　　雙手出勁變為逆纏，折腕旋轉，借助旋腕轉膀之勁自身體左側上方和左肘內側畫下弧忽然一抖即鬆，內折外挪，肘向裡合，高與肩和胸平，拳面、拳眼、拳心不變。

　　同時，鬆右胯、泛左臀，右腳出勁隨氣勁沉降，忽然一抖即鬆，震地有聲，落於左腳內側，重心仍偏於左，六四分成。

周身合住勁，同時呼氣，氣聚中宮，眼注視前方。（圖10-237）

【動作四】接上勢。腰勁向左旋轉，身體螺旋下降，右轉90°；雙肩鬆開似脫，下塌外碾，內捲裡合，右催左領，膻中穴微內含，心氣與橫膈膜同步沉降；雙手以左手為主，右手為賓。

圖10-237

左手出勁右手入勁變為雙順纏，折腕旋轉，借助旋腕轉膀之勁隨身法右旋畫外弧領著勁，內折外掤，肘向裡合，高與肩和胸平，拳面、拳眼、拳心不變。

同時，鬆右胯、泛左臀，右腳出勁畫內弧向右側擺動90°墊步，下弧調襠，重心下降右移，左腳出勁畫外弧展出，形成馬步下勢（也可做成仆步下勢）。

周身合住勁，同時吸氣，氣結中宮，眼注視前方。（圖10-238、圖10-239）

【動作五】接上勢。腎氣滾動，腰隙橫向傳遞，腰勁螺旋轉動，身體螺旋下沉，右轉360°；雙肩鬆開似脫，下塌外碾，前捲裡合，右催左領，膻中穴微內含，牽動往來氣貼背；雙手以左手為主，右手為賓。

左手出勁繼續順纏，折腕旋轉，借助旋腕轉膀之勁隨身法旋轉畫上弧自身體左前上方領著勁，內折外掤，肘向裡合，高與肩平，拳面向上偏內（右），拳眼向外

圖10-238

圖10-239

（左），拳心向內；右手入
勁繼續順纏，折腕旋轉，借
助旋腕轉膀之勁畫下弧運合
至腹前約25公分，上折下
掤，肘向裡合，高與胸平，
拳面向外（左），拳眼向
前，拳心向上。

　　同時，鬆左膀、泛右
臀，以右腳跟為軸，前腳掌
擦滑地面向外擰轉擺動
270°，左腳先出後入勁，前

圖10-240

腳掌擦滑地面畫外弧做前掃蹚動作旋轉360°，重心仍偏於
右腿，七三分成。

　　周身合住勁，同時一吸即呼，氣沉丹田，眼注視前
方。（圖10-240）

第五十式　掩手肱捶（面向東）

【動作】接上勢。腎氣滾動，雙腰隙互相傳遞，各領半身轉動，腰勁螺旋運轉，身體螺旋騰空升起右轉45°；雙肩鬆開似脫，下塌外碾，前捲裡合，左催右領，引導諸穴內氣機潛轉，膻中穴微內含，牽動往來氣貼背，丹田鼓蕩勃發；雙手以右手為主，左手為賓。

右手出勁變為順纏，折腕旋轉，借助旋腕轉膀之勁畫下弧向身體右側一纏，乘肩部的轉關過節變為逆纏，畫上弧向體內運合至身體中線前與左手折疊交叉（右手在下），上掤下折，肘微裡合，高與腹平，拳面向前下方，拳眼向左偏下，拳心向右下方；左手入勁繼續逆纏，由拳變掌，坐腕旋轉，借助旋腕轉膀之勁畫下弧向身體左側一纏，乘肩部的轉關過節變為順纏，畫上弧向體內運合至身體中線前與右手折疊交叉（左手在上），上折下掤，肘向裡合，高與腹平，手指鬆直向右偏前，掌心向下。

同時，鬆右胯、泛左臀，背絲扣調襠，小腹內收，關元與中極二穴共同內斂納氣，沖震命門，下閉穀道，腧口納氣順脊直上，乘鬆胯圓襠，雙腳先出後入勁右先左後旋轉騰起，周身在空中合住勁，接著鬆左胯、泛右臀，隨著身體與氣勁下降之機，雙腳出勁右先左後相繼降落，震地雙聲，十趾及時抓地，襠勁前合後開，重心偏於右腿，六四分成，腰勁相下鬆串，注入腳底，以助腳底之勁上翻傳導。

周身合住勁，具有一觸即發之勢，同時一吸即呼，氣聚中宮，眼注視左前方。（圖10-241、圖10-242）

圖10-241　　　　　　　　　圖10-242

【動作二至動作六】與第十七式「掩手肱捶」動作二至動作六完全相同，參見圖10-108—圖10-111，定勢。（圖10-242）

第五十一式　左沖（面向東）

【動作一】接上勢。腎氣縱向滾動，腰隙立圓旋轉，腰勁一開即合，身體螺旋下沉；雙肩鬆開似脫，下塌外碾，內捲裡合，右催左領，胸背開合有度，胸腰折疊蛹動有序，膻中穴微內含，牽動往來氣貼背；雙手以左手為主，右手為賓。

雙手左出右入勁繼續順纏，折腕旋轉，借助旋腕轉膀之勁畫上弧運展至身體前上方約50公分（左）和45公分（右），外掤內折，肘向裡合，高與眼平，左手在前，拳面向右，拳眼向上，拳心向內；右手在後，拳面向左偏上，拳眼向上偏右，拳心向內。

同時，鬆右胯、泛左臀，上弧調襠，右腳向後撤小半步，重心左移，六四分成。

周身合住勁，同時吸氣，氣結中宮，眼注視前方。（圖10–243）

圖10–243

【動作二】接上勢。腎氣滾動，腰隙互為傳遞，腰勁向右旋轉，身體螺旋下沉，上體微右轉；雙肩鬆開似脫，下塌外碾，內捲裡合，左催右領，膻中穴微內含，心氣與橫膈膜同步沉降；雙手以右手為主，左手為賓。

雙手右出左入勁繼續順纏，折腕旋轉，借助旋腕轉膀之勁畫下弧運合至腹前約20公分，上折下掤，雙肘裡合，高與胯平，拳面向前，拳眼分向兩側偏前，拳心向上偏內。

同時，鬆左胯、泛右臀，下弧調襠，重心移於右腿，六四分成，腰勁向下鬆串，注入腳底植地生根，以助腳底之勁上翻傳導。

周身合住勁，具有一觸即發之勢，繼續吸氣，氣結中宮，眼注視前方。（圖10–244）

【動作三】接上勢。腎氣滾動，腰勁螺旋轉動，身體螺旋騰空旋起，左轉45°；雙肩鬆開似脫，下塌外碾，內捲裡合，右旋左轉，互相催領傳遞，膻中穴微內含，牽動往來氣貼背，丹田鼓盪勃發；雙手轉換有序，互為主賓。

圖10-244　　　　　　　　圖10-245

　右手入勁左手出勁繼續順纏，折腕旋轉，借助旋腕轉膀之勁畫下弧隨身轉向右運展，乘肩部的轉關過節變為雙逆纏，畫上弧分別運至頭上和身前約30公分，內折外掤，肘向裡合，高與頭和肩平，拳面向上，拳眼分向左右兩側，拳心向內。

　同時，鬆右胯、泛左臀，雙腳右先左後先出後入勁蹬地旋騰而起，右腿向前，左腿向後換步。

　周身合住勁，同時吸氣，氣結中宮，眼注視前方。（圖10-245）

　【動作四】接上勢。腎氣滾動，腰勁鬆塌，身體螺旋下沉；雙肩鬆開似脫，下塌外碾，內捲裡合，右催左領，膻中穴微內含，心氣與橫膈膜同步沉降；雙手以左手為主，右手為賓。

　左手入勁右手出勁變為順纏，折腕旋轉，借助旋腕轉膀之勁畫下弧運合至腹前約20公分，上折下掤，雙肘裡

合，高與胯平，拳面向前，拳眼分向左右兩側，拳心向上。

同時，鬆左胯、泛右臀，雙腳出勁右先左後落地，重心偏於右腿，六四分成，腰勁向下鬆串，注入腳底植地生根，以助腳底之勁上翻傳導。

周身合住勁，具有一觸即發之勢，同時一吸即呼，氣聚中宮，眼注視右前方。（圖10-246）

圖10-246

【動作五】接上勢。腰勁一開即合，身體螺旋下沉，丹田鼓蕩勃發；雙肩鬆開似脫，一掙即捲，右催左領，膻中穴微內含，牽動往來氣貼背；雙手以左手為主，右手為賓。

左手出勁右手入勁變為逆纏，雙手折腕旋轉，借助旋腕轉膀之勁畫上弧向身前忽然一抖即鬆，運展至胸前約40公分（右）和35公分（左）時，乘肩部的轉關過節，變為雙順纏，落點放鬆，內折外掤，肘微裡合，高與胸平，拳面分向左右兩側，拳眼向上，拳心向內。

同時，鬆左胯、泛右臀，上弧調襠，雙腳向前搓步，前腿扒後腿蹬，重心發在前鬆至後，六四分成。

周身合住勁，同時呼氣，氣沉丹田，眼注視前方。（圖10-247）

圖10-247

圖10-248

第五十二式　右沖（面向東）

【動作一】接上勢。腎氣縱向滾動，腰隙立圓旋轉，腰勁一開即合，身體螺旋下沉；雙肩鬆開似脫，下塌外碾，內捲裡合，左催右領，胸背開合有度，胸腰折疊蛹動有序，膻中穴微內含，牽動往來氣貼背；雙手以右手為主，左手為賓。

雙手右出左入勁繼續順纏，折腕旋轉，借助旋腕轉膀之勁畫上弧運展至身體前上方約50公分（右）和45公分（左），外掤內折，肘向裡合，高與眼平，右手在前，拳面向左，拳眼向上，拳心向內；左手在後，拳面向右偏上，拳眼向上偏左，拳心向內。

下肢動作不變。

周身合住勁，同時吸氣，氣結中宮，眼注視前方。（圖10-248）

圖10-249

【動作二】接上勢。腎氣縱向滾動，腰隙立圓旋轉，腰勁一開即合，身體螺旋下沉；雙肩鬆開似脫，下塌外碾，胸背開合有度，胸腰折疊蛹動有序，膻中穴微內含，牽動往來氣貼背；雙手以右手為主，左手為賓。

右手出勁左手入勁一逆即順，折腕旋轉，借助旋腕轉膀之勁先畫上弧向身前上方一展，乘肩部的轉關過節，畫下弧運合至腹前約20公分，上折下挪，雙肘裡合，高與胯平，拳面向前，拳眼分向左右兩側，拳心向上偏內。

同時，鬆左胯、泛右臀，上弧調襠，重心移左，乘胯部的轉關過節，下弧調襠，重心移至右腿，六四分成，腰勁向下鬆串，注入腳底植地生根，以助腳底之勁上翻傳導。

周身合住勁，具有一觸即發之勢，同時吸氣，氣結中宮，眼注視前方。（圖10-249）

【動作三】接上勢。腎氣滾動，腰勁螺旋轉動，身體

圖10-250

　　螺旋騰空旋起，右轉45°；雙肩鬆開似脫，下塌外碾，內捲裡合，左旋右轉，互相催領傳遞，膻中穴微內含，牽動往來氣貼背，丹田鼓蕩勃發；雙手轉換有序，互為主賓。

　　左手入勁右手出勁繼續順纏，折腕旋轉，借助旋腕轉膀之勁畫下弧隨身轉向右運展，乘肩部的轉關過節變為雙逆纏，畫上弧分別運至頭上和身前約30公分，內折外掤，肘向裡合，高與頭和肩平，拳眼向上，拳面分向左右兩側，拳心向內。

　　同時，鬆左胯、泛右臀，雙腳左先右後先出後入勁蹬地旋騰而起，左腿向前，右腿向後換步。

　　周身合住勁，同時吸氣，氣結中宮，眼注視前方。（圖10-250）

　　【動作四】接上勢。腎氣滾動，腰勁鬆塌，身體螺旋下沉；雙肩鬆開似脫，下塌外碾，內捲裡合，左催右領，膻中穴微內含，心氣與橫膈膜同步沉降；雙手以右手為

圖10-251　　　　　　　　圖10-252

主，左手為賓。

　　右手入勁左手出勁變為順纏，折腕旋轉，借助旋腕轉膀之勁畫下弧運合至腹前約20公分，上折下掤，雙肘裡合，高與胯平，拳面向前，拳眼分向左右兩側，拳心向上。

　　同時，鬆右胯、泛左臀，雙腳出勁左先右後落地，重心偏於左腿，六四分成，腰勁向下鬆串，注入腳底植地生根，以助腳底之勁上翻傳導。

　　周身合住勁，具有一觸即發之勢，同時一吸即呼，氣聚中宮，眼注視前方。（圖10-251）

　　【動作五】接上勢。腎氣滾動，腰勁鬆塌，身體螺旋下沉，丹田鼓蕩勃發；雙肩鬆開似脫，下塌外碾，內捲裡合，左催右領，膻中穴微內含，牽動往來氣貼背；雙手以右手為主，左手為賓。

　　右手出勁左手入勁變為雙逆纏，折腕旋轉，借助旋腕

轉膀之勁畫上弧向前忽然一抖即鬆，運展至胸前約40公分（左）和35公分（右）時，乘肩部的轉關過節變為順纏，放鬆落點，內折外掤，雙肘微合，高與胸平，拳面分向左右兩側，拳眼向上，拳心向內。

同時，鬆右胯、泛左臀，上弧調襠，雙腳向前搓步，前腿扒後腿蹬，重心發在前鬆至後，六四分成。

周身合住勁，同時呼氣，氣沉丹田，眼注視前方。（圖10-252）

第五十三式　倒插（面向東北）

【動作】接上勢。腰勁向右擰轉，身體螺旋下沉，先右轉後左轉45°；雙肩鬆開似脫，下塌外碾，內捲裡合，左催右領，膻中穴微內含，心氣與橫膈膜同步沉降；雙手以右手為主，左手為賓。

右手出勁變為逆纏，折腕旋轉，借助旋腕轉膀之勁以肘為軸屈臂旋轉畫上弧與右肩相合，乘肩部的轉關過節變為順纏，畫下弧運至右膝內側，外折內（左）掤，肘向裡合，高與膝平，拳面向下，拳眼向內，拳心向外（右）；左手入勁變為逆纏，折腕旋轉，借助旋腕轉膀之勁屈肘彎臂畫外上弧運合至右上臂內側，下折上掤，肘向裡合，高與胸平，拳面向下，拳眼向內，拳心向外（左）。

同時，鬆左胯、泛右臀，左腳以跟為軸，腳尖外擺45°，隨即鬆右胯、泛左臀，右腳先入後出勁畫上弧運展至左腳右前方約50公分，以前腳掌虛點地面，襠勁前合後開，重心偏於左腿，八二分成。

周身合住勁，具有一觸即發之勢，同時呼氣，氣沉丹

圖10-253

圖10-254

田，眼注視右手腳及右下方。（圖10-253、圖10-254）

第五十四式　海底翻花（面向東）

【動作】與第四十七式的動作二完全相同，參見圖10-233。

第五十五式　掩手肱捶（面向東）

【動作】與第十七式「掩手肱捶」動作完全相同，參見圖10-106—圖10-111，定勢。（圖10-255）

第五十六式　奪二肱（一）（面向南）

【動作一】接上勢。腰勁向左旋轉，身體螺旋下沉，右轉90°；雙肩鬆開似脫，下塌外碾，內捲裡合，右催左領，膻中穴微內含，心氣與橫膈膜同步沉降，胸腰自右向左做下弧運化動作；雙手以右手為主，左手為賓。

圖10-255

圖10-256

　　左手出勁變為逆纏，折腕旋轉，借助旋腕轉膀之勁畫下弧向身體左側運展，待展至將展未展之機，乘肩部的轉關過節變為順纏，畫上弧運展至身體左側上方約45公分，內折外掤，肘向裡合，高與肩平，拳面向上，拳眼向後，拳心向內（右）；右手入勁變為逆纏，折腕旋轉，借助旋腕轉膀之勁畫下弧繼續向身體右前方一展，乘肩部的轉關過節變為順纏，畫上弧運合至左肘內側，內折外掤，肘向裡合，高與胸平，拳面向上，拳眼向前偏右，拳心向內。

　　同時，鬆右胯、泛左臀，左腳以跟為軸，向內扣合45°，後下弧調襠，重心移於左腿，右腳入勁，前腳掌擦滑地面向後畫外弧運合至左腳內側約25公分，前腳掌虛點地面，雙腳形成不丁不八狀態，重心左八右二分成。

　　周身合住勁，同時吸氣，氣結中宮，眼注視右下方。（圖10-256）

　　【動作二】接上勢。合腰聚氣，身體螺旋下沉；雙肩

鬆開似脫，下塌外碾，內捲裡合，右催左領，膻中穴微內含，心氣與橫膈膜同步沉降；雙手以左手為主，右手為賓。

左手出勁右手入勁繼續順纏，折腕旋轉，借助旋腕轉膀之勁分別自身體左側上方和左肘內側畫上弧領著勁，內折外掤，肘向裡合，高與嘴和胸平，拳面向上，拳眼分向左右，拳心向內。

圖10-257

同時，鬆左胯、泛右臀，小腹內收，關元、中極二穴收斂納氣，沖震命門，右腳入勁旋膝上領，高與胯平，小腿鬆垂直豎，腳底平整，五趾微收，湧泉穴含吸地氣之意，重心全部移至左腿，腰勁順左腿向下鬆串，注入腳底植地生根，以助腳底之勁上翻傳導。

周身合住勁，繼續吸氣，氣結中宮，眼注視右前方。（圖10-257）

【動作三】接上勢。鬆腰下氣，身體螺旋下沉，丹田鼓蕩勃發；雙肩鬆開似脫，下塌外碾，內捲裡合，左催右領，膻中穴微內含，牽動往來氣貼背；雙手以右手為主，左手為賓。

右手出勁左手入勁變為逆纏，折腕旋轉，借助旋腕轉膀之勁自身體左側上方和左肘內側畫下弧忽然一抖即鬆，內折外掤，肘向裡合，高與肩和胸平，拳面、拳眼、拳心

圖10-258

圖10-259

不變。

　　同時，鬆右胯、泛左臀，右腳出勁，隨氣勁沉降忽然一抖即鬆，震地有聲，落於左腳內側，重心仍偏於左腿，六四分成。

　　周身合住勁，同時呼氣，氣聚中宮，眼注視右前方。（圖10-258）

　　【動作四】與本式動作二相同。（圖10-259）

　　【動作五】接上勢。腎氣滾動，腰隙傳遞，腰勁向右旋轉，身體螺旋下沉；雙肩鬆開似脫，下塌外碾，內捲裡合，左催右領，膻中穴微內含，心氣與橫膈膜同步沉降，丹田鼓蕩勃發，胸腰由左向右做下弧運化動作；雙手以右手為主，左手為賓。

　　右手出勁繼續逆纏，折腕旋轉，借助旋腕轉膀之勁畫下弧經右腿前向身體右側突然繃發，一抖即鬆，運展至右膝上方外側，勁貫拳沿及前臂外側，內折外掤，肘微裡

圖10-260

合，高與胯平，拳面向右前方，拳眼向內（左），拳心向後偏下；左手入勁變為順纏，鬆腕旋轉，借助旋腕轉膀之勁畫上弧由身體左側上方屈肘彎臂突然繃發，一抖即鬆運合至腹臍前，勁貫左肘尖，以助雙肩傳遞勁，內折外掤，肘微裡合，高與腹平，拳面向右，拳眼向上，拳心向內。

此勢以雙臂的內勁而論，則要求左手以入勁而內串（遵照注陰不注陽的練功法則），先貫注於左肘尖部，後經左上臂上升於肩，由雙肩傳遞的「通背勁」注入右臂，助右前臂及右拳向外抖發，此勁要一吐即發，形須一發即鬆。

同時，鬆左胯、泛右臀，下弧調襠，右腳先入後出勁畫上弧向身體右側出腿踏步，重心發於前（右）、鬆至後，六四分成。

周身合住勁，具有一觸即發之勢，同時呼氣，氣沉丹田，眼注視右拳及右下方。（圖10-260）

第五十七式　奪二肱(二)(面向南)

【動作一】接上勢。腎氣滾動，腰勁向左旋轉，身體螺旋下沉，右轉45°；雙肩鬆開似脫，下塌外碾，前捲裡合，左催右領，膻中穴微內含，引導諸穴內氣機潛轉，心氣與橫膈膜同步沉降，丹田鼓蕩勃發；雙手以右手為主，左手為賓。

右手出勁左手入勁變為雙順纏，順腕旋轉，借助旋腕轉膀之勁畫下弧忽然一抖即鬆，運展至身體左右兩側上方，上折下捌，肘向裡合，高與肩平，拳面分向左右，拳眼向前，拳心向下。

同時，鬆左胯、泛右臀，下弧調襠，重心移於右腿，左腳先入後出勁向右側畫上弧跨一大步，待左腳踏實之機，五趾及時抓地，右腳出勁，腳底一旋，忽然一抖即鬆，右腿腳向後畫下弧運展繃出，勁貫腳掌，高與胯平。

周身開中寓合，同時一吸即呼，眼注視右手及前方。（圖10–261）

【動作二】接上勢。腰勁鬆塌，身體螺旋下沉；雙肩鬆開似脫，下塌外碾，前捲裡合，右催左領，膻中穴微內含，心氣與橫膈膜同步沉降，胸腰自右向左做上弧運化動作；雙手以左手為主，右手為賓。

左手出勁繼續順纏，坐腕旋轉，借助旋腕轉膀之勁畫下弧運至腹前約40公分，上折下捌，肘向裡合，高與腹平，拳面向前，拳眼向上，拳心向左；右手入勁繼續順纏，坐腕旋轉，借助旋腕轉膀之勁畫上弧運合至左肘內側，上折下捌，肘向裡合，高與胸平，拳面向左前方，拳

圖10-261

眼向上，拳心向內。

　　同時，鬆左胯、泛右臀，右腳入勁旋膝收腿，高與胯平，小腿鬆垂直豎，腳底平整，含吸地氣之意。

　　周身合中寓開，具有一觸即發之勢，同時吸氣，氣結中宮，眼注視前方。（圖10-262）

　　【動作三】接上勢。腰勁向右旋套，身體螺旋下沉，左轉90°；雙肩鬆開似脫，下塌外碾，內捲裡合，左催右領，膻中穴微內含，牽動往來氣貼背，丹田鼓蕩勃發，胸腰由左向右做下弧運化動作；雙手以右手為主，左手為賓。

　　右手出勁變為逆纏，坐腕旋轉，借助旋腕轉膀之勁畫下弧經身前向右側突然繃發，一抖即鬆運展至右膝上方外側，勁貫拳沿及前臂外側，內折外掤，肘向裡合，高與胯平，拳面向右前方，拳眼向內（左），拳心向下偏後；左手入勁變為逆纏，鬆腕旋轉，借助旋腕轉膀之勁畫上弧運合至腹臍前突然繃發，一抖即鬆，勁貫肘尖，由雙肩傳遞的「通背勁」

圖10-262

圖10-263

注入右臂，以助右前臂及右拳的抖發，內折外掤，肘向裡
合，高與腹平，拳面向右，拳眼向上，拳心向內。

　　同時，鬆右胯、泛左臀，右腳出勁向右側跨步，隨著
下弧調襠發至右腿鬆於左腿，重心左六右四分成，腰勁向
下鬆串，注入腳底植地生根，以助腳底之勁上翻傳導。

　　周身合住勁，具有一觸即發之勢，同時呼氣，氣沉丹
田，眼注視右拳及右下方。（圖10-263）

第五十八式　連環炮（面向南）

　　【動作一】接上勢。腎氣滾動，腰勁向左旋轉，身體
螺旋下沉，右轉45°；雙肩鬆開似脫，下塌外碾，內捲裡
合，右催左領，膻中穴微內含，心氣與橫膈膜同步沉降；
雙手以左手為主，右手為賓。

　　左手出勁繼續逆纏，坐腕旋轉，借助旋腕轉膀之勁遵
照「拳由心發」的運動法則，轉臂旋拳忽然一抖，經胸前

圖10-264

　　與右前臂下方畫下弧抖運至身體左前上方約50公分，乘相合還原之機變為順纏放鬆，順直挺拔，肩順而脫，肘垂裡合，勁貫拳面（以中指根為主），高與肩平，拳面向右前方，拳眼向內（右），拳心向下；右手入勁變為順纏，坐腕旋轉，借助旋腕轉膀之勁經左臂上側畫下弧忽然一抖即鬆，運合至右腹前，勁貫肘尖，以助左拳發放，高與腹平，拳面向前，拳眼向外（右），拳心向上。

　　同時，鬆左胯、泛右臀，前腳扒、後腳蹬，重心發在前（右）、鬆至後，六四分成，構成拗步發拳，腰勁向下鬆串，注入腳底植地生根，以助腳底之勁上翻傳導。

　　周身合住勁，具有一觸即發之勢，同時一吸即呼，氣聚中宮，眼注視左手及前方。（圖10-264）

　　【動作二】接上勢。腎氣滾動，腰勁向右擰轉，身體螺旋下沉，上體左轉45°；雙肩鬆開似脫，下塌外碾，內捲裡合，左催右領，引導上肢諸穴內氣機潛轉，膻中穴微

圖2-265

內含，牽動往來氣貼背，丹田鼓蕩勃發；雙手以右手為主，左手為賓。

右手出勁變為逆纏，坐腕旋轉，借助旋腕轉膀之勁遵照「拳由心發」的運動法則，轉臂旋拳忽然一抖，畫下弧運展至身體右側上方約50公分，乘相合還原之機變為順纏放鬆，順腕挺拔，肩順而脫，肘垂裡合，勁貫拳面（梢節），高與肩平，拳面向右前方，拳眼向前，拳心向下；左手入勁變為逆纏，坐腕旋轉，借助旋腕轉膀之勁屈肘彎臂畫下弧忽然一抖即鬆，運至左腹前，勁貫肘尖，高與腹平，以助右拳發勁，拳面向右前方，拳眼向前，拳心向上，形成左肘右拳的對稱傳遞勁。

同時，鬆左胯、泛右臀，前腳扒、後腳蹬，重心發在前（右）、鬆至後（左），六四分成，構成順步發拳。

周身合住勁，同時呼氣，氣沉丹田，眼注視右手及前方。（圖10-265）

第五十九式　玉女穿梭（面向東）

【動作一】接上勢。腰勁向右旋轉，身體螺旋下沉；雙肩鬆開似脫，下塌外碾，前捲裡合，左催右領，膻中穴微內含，心氣與橫膈膜同步沉降；雙手以右手為主，左手為賓。

右手出勁變為逆纏，折腕旋轉，借助旋腕轉膀之勁利用「手不夠身來湊」的運動法則，畫上弧繼續向身體右側外展，乘肩部的轉關過節之機變為順纏，畫下弧運至胸前約40公分，上折下挪，肘向裡合，高與肩平，拳面向上，拳眼向內，拳心向前下；左手入勁繼續順纏，折腕旋轉，借助旋腕轉膀之勁微畫下弧自腹前纏繞小半圈領著勁，拳面向右前，拳眼向外，拳心向上。

同時，鬆左胯、泛右臀，上弧調襠，重心移於右腿，左腳出勁向後倒小半步，重心在右，七三分成。

周身合住勁，同時吸氣，氣結中宮，眼注視右手及前方。（圖10–266）

【動作二】接上勢。腰勁向左旋轉，身體螺旋下沉，向右轉體45°；雙肩鬆開似脫，下塌外碾，內捲裡合，右催左領，膻中穴微向內含，心氣與橫膈膜同步沉降；雙手以左手為主，右手為賓。

左手出勁繼續順纏，坐腕旋轉，借助旋腕轉膀之勁隨身法運合至左腰（肋）間，上折下挪，肘向裡合，高與腹平，拳面向前，拳眼向外（右），拳心向上；右手入勁繼續順纏，折腕旋轉，借助旋腕轉膀之勁畫下弧運展至身體前方約35公分，上折下挪，肘向裡合，高與胸平，拳面向

圖10-266　　　　　　　　圖10-267

上偏前，拳眼向外（右），拳心向內偏上。

　　同時，鬆左胯、泛右臀，下弧調襠，重心移至左腿，小腹內收，關元、中極二穴共同內斂納氣，沖震命門，右腳入勁領膝旋起，高與胯平，小腿鬆垂直豎，腳底平整，五趾微收，湧泉穴含吸地氣之意。

　　周身合住勁，繼續吸氣，氣結中宮，眼注視前方。（圖10-267）

　　【動作三】接上勢。鬆腰下氣，身體螺旋下沉；雙肩鬆開似脫，下塌外碾，內捲裡合，左催右領，膻中穴微內含，牽動往來氣貼背；雙手以右手為主，左手為賓。

　　右手出勁左手入勁繼續雙順纏，折腕旋轉，借助旋腕轉膀之勁分別自身體前方和左腰部隨身法與步法畫上弧向前運領著勁，雙拳原位不變微微一旋，拳面、拳眼、拳心保持原狀。

　　同時，鬆左胯、泛右臀，右腳出勁向身體前方約40公

圖2-268

分踏地墊步，重心偏於右腿，七三分成，腰勁向下鬆串，注入腳底，以助腳底之勁上翻傳導。

　　周身合中寓開，具有一觸即發之勢，同時呼氣，氣聚中宮，眼注視右手及前方。（圖10-268）

　　【動作四】接上勢。腎氣滾動，腰隙傳遞，腰勁向左旋轉，身體螺旋下沉，右轉180°，丹田鼓蕩勃發，隨腳蹬腰擰，身體螺旋騰起；雙肩鬆開似脫，下塌外碾，內捲裡合，右催左領，膻中穴微內含，心氣與橫膈膜一提即降；雙手以左手為主，右手為賓。

　　左手出勁變為逆纏，坐腕旋轉，借助旋腕轉膀之勁畫上弧向身體左側上方運展，乘身體騰空躍起至最高點之機，轉臂旋手，凌空發拳，忽然一抖即鬆，運展至身體左側上方約50公分，順直挺拔，肩順而脫，肘垂裡合，勁貫拳面（梢節），高與肩平，拳面向左前方，拳眼向前，拳心向下；右手入勁繼續順纏，折腕旋轉，借助旋腕轉膀之

圖2-269

勁轉臂屈肘旋拳畫下弧忽然一抖運合至右腰間，勁貫肘尖，以助左拳發放勁，高與腹平，拳面向前，拳眼向上，拳心向內。

同時，鬆左胯、泛右臀，下弧調襠，重心移於右腿，左腳先出後入勁屈膝旋起，右腳以先出後入勁及時蹬地助力，身體一旋，騰空躍起。

周身合住勁，同時吸氣，氣結中宮，眼注視前方。（圖10-269）

【動作五】接上勢。腰勁向左旋轉，身體螺旋下沉，右轉90°；雙肩鬆開似脫，下塌外碾，內捲裡合，右催左領，膻中穴微內含，心氣與橫膈膜同步沉降；雙手以左手為主，右手為賓。

雙手左出右入勁變為順纏，同步折腕旋轉，借助旋腕轉膀之勁畫上弧經頭上方運展至身體前約40公分，內折外挪，雙肘裡合，高與眼平，拳面相對（內），拳眼向上，

圖10-270

拳心向內。

　　同時，鬆右胯、泛左臀，身體旋轉降落，雙腳同時出勁分別左先右後相繼落地，雙腿左前右後45°對角，相距約80公分，重心在左腿，六四分成。

　　周身合住勁，同時呼氣，氣沉丹田，眼注視雙手及前方。（圖10-270）

第六十式　回頭當門炮（面向東）

　　【動作一】接上勢。腎氣縱向滾動，腰隙立圓旋轉，腰勁一開即合，身體螺旋下沉，上體右轉45°；雙肩鬆開似脫，下塌外碾，內捲裡合，左催右領，胸背開合有度，胸腰折疊蛹動有序，膻中穴微內含，牽動往來氣貼背；雙手以右手為主，左手為賓。

　　雙手右出左入勁繼續順纏，同步折腕旋轉，借助旋腕轉膀之勁畫下弧運合至腹前約20公分，上折下掤，雙肘裡

圖2-271

合，高與胯平，拳面向前，拳眼向兩側前方，拳心向上偏內。

　　同時，鬆左胯、泛右臀，下弧調襠，重心移於右腿，六四分成，腰勁向下鬆串，注入腳底植地生根，以助腳底之勁上翻傳導。

　　周身合住勁，具有一觸即發之勢，同時吸氣，氣結中宮，眼注視前方。（圖10-271）

　　【動作二】接上勢。腰勁一開即合，身體螺旋下沉，上體左轉45°；雙肩鬆開似脫，下塌外碾，一掙即捲，右催左領，胸背開合有度，胸腰折疊蛹動有序，膻中穴微內含，心氣與橫膈膜同步沉降，丹田鼓蕩勃發；雙手以左手為主，右手為賓。

　　雙手左出右入勁變為雙逆纏，同步折腕旋轉，借助旋腕轉膀之勁畫上弧向身體前方忽然一抖即鬆，運展至胸前約40公分（左）和30公分（右）時，乘肩部的轉關過節

圖10-272

變為順纏，放鬆落點，內折外掤，肘微裡合，高與胸平，拳面向左右兩側，拳眼向上，拳心向內。

　　同時，鬆右胯、泛左臀，上弧調襠，雙腿前把後蹬完整一氣，向前搓步，重心發在前鬆至後，六四分成。

　　周身合住勁，同時呼氣，氣沉丹田，眼注視前方。（圖10-272）

第六十一式　玉女穿梭（面向西南）

　　【動作一】接上勢。腰勁向左旋轉，身體螺旋下沉；雙肩鬆開似脫，下塌外碾，內捲裡合，右催左領，膻中穴微內含，牽動往來氣貼背；雙手以左手為主，右手為賓。

　　左手出勁變為逆纏，折腕旋轉，借助旋腕轉膀之勁利用「手不夠身來湊」的運動法則，畫上弧繼續向身體左側外展，乘肩部的轉關過節變為順纏，畫下弧運至胸前約40公分，上折下掤，肘向裡合，高與肩平，拳面向右，拳眼

圖10-273

向上，拳心向內；右手入勁繼續順纏，折腕旋轉，借助旋腕轉膀之勁微畫下弧運合至腹前約20公分，上折下掤，肘向裡合，高與腹平，拳面向前偏左，拳眼向右偏前，拳心向內。

同時，鬆右胯、泛左臀，上弧調襠，重心移於左腿，右腳出勁向後倒小半步，七三分成。

周身合住勁，同時吸氣，氣結中宮，眼注視左手及前方。（圖10-273）

【動作二】接上勢。腰勁向右旋套，身體螺旋下沉；雙肩鬆開似脫，下塌外碾，內捲裡合，左催右領，膻中穴微內含，牽動往來氣貼背；雙手以右手為主，左手為賓。

右手出勁繼續順纏，折腕旋腕，借助旋腕轉膀之勁畫下弧運合至右腰（肋）間，上折下掤，肘向裡合，高與腹平，拳面向前，拳眼向外（右），拳心向上；左手入勁繼續順纏，折腕旋轉，借助旋腕轉膀之勁畫下弧隨身法運至

圖10-274

身前約30公分，上折下掤，肘向裡合，高與胸平，拳面向上，拳眼向外（左），拳心向內。

　　同時，鬆右胯、泛左臀，下弧調襠，重心右移，小腹內收，關元與中極二穴共同內斂納氣，沖震命門，同時下閉穀道，腧口納氣，順脊直上，左腳入勁膝蓋畫弧旋起，高與胯平，小腿鬆垂直豎，腳底平整，五趾微收，湧泉穴含吸地氣之意。

　　周身合住勁，同時呼氣，氣聚中宮，眼注視前方。（圖10-274）

　　【動作三】接上勢。腰勁向左旋轉，身體螺旋下沉；雙肩鬆開似脫，下塌外碾，內捲裡合，右催左領，膻中穴微內含，牽動往來氣貼背；雙手以左手為主，右手為賓。

　　左手出勁右手入勁繼續雙順纏，折腕旋轉，借助旋腕轉膀之勁分別自身體前方和右腰部隨身法與步法畫下弧前運領著勁，雙拳原位微微一旋，拳面、拳眼、拳心保持原

圖10-275

狀。

　　同時，鬆右胯、泛左臀，左腳出勁向身體前方約40公分踏地墊步，重心偏於左腿，七三分成，腰勁向下鬆串，注入腳底，以助腳底之勁上翻傳導。

　　周身合中寓開，具有一觸即發之勢，同時呼氣，氣聚中宮，眼注視左手及前方。（圖10-275）

　　【動作四】接上勢。腎氣滾動，腰隙傳遞，腰勁向右旋轉，身體螺旋下沉，左轉90°，丹田鼓蕩勃發，隨腳蹬腰撐，身體螺旋騰空而起；雙肩鬆開似脫，下塌外碾，內捲裡合，左催右領，膻中穴微內含，心氣與橫膈膜一提即降；雙手以右手為主，左手為賓。

　　右手出勁變為逆纏，坐腕旋轉，借助旋腕轉膀之勁畫上弧向身體右側上方運展，乘身體騰空躍至最高點之機，轉臂旋拳凌空發勁，忽然一抖即鬆，運展至身體右側上方約50公分，順直挺拔，肩順而脫，肘垂裡合，勁貫拳面

圖10-276

（梢節），高與肩平，拳面向右前方，拳眼向內（左），拳心向下；左手入勁繼續順纏，折腕旋轉，借助旋腕轉膀之勁轉臂屈肘旋拳畫下弧忽然一抖即鬆，運至左腰間，勁貫肘尖，以助右拳發放（勁），高與腹平，拳面向前，拳眼向上，拳心向內。

同時，鬆右胯、泛左臀，下弧調襠，重心移於左腿，右腳先出後入勁屈膝旋起，左腳以先出後入勁及時蹬地助力，身體一旋，騰空躍起。

周身合住勁，同時吸氣，氣結中宮，眼注視右前方。（圖10-276）

【動作五】接上勢。腎氣滾動，腰勁向右旋轉，身體螺旋下沉，向左轉180°；雙肩鬆開似脫，下塌外碾，內捲裡合，左催右領，膻中穴微內含，心氣與橫膈膜同步沉降；雙手以右手為主，左手為賓。

雙手右出左入勁變為順纏，同步折腕旋轉，借助旋腕

圖10-277

轉膀之勁畫上弧經頭上方運展至身體前方約40公分，內折外掤，雙肘裡合，高與肩平，拳面相對（內），拳眼向上，拳心向下。

同時，鬆左胯、泛右臀，身體旋轉降落，雙腳同時出勁分別右先左後相繼落地，雙腿右前左後45°對角，雙腳相距約80公分，重心偏於右腿，六四分成。

周身合住勁，同時呼氣，氣沉丹田，眼注視前方。（圖10-277）

第六十二式　回頭當門炮（面向東南）

【動作一】接上勢。腎氣縱向滾動，腰隙立圓旋轉，腰勁一開即合，身體螺旋下沉；雙肩鬆開似脫，下塌外碾，內捲裡合，右催左領，胸背開合有度，胸腰折疊蛹動有序，膻中穴微內含，牽動往來氣貼背；雙手以左手為主，右手為賓。

圖10-278

雙手左出右入勁繼續順纏，同步折腕旋轉，借助旋腕轉膀之勁畫下弧運合至腹前約20公分，上折下掤，雙肘裡合，高與胯平，拳眼向前，拳面分向兩側前方，拳心向上偏內。

同時，鬆右胯、泛左臀，下弧調襠，重心移於左腿，六四分成，腰勁向下鬆串，注入腳底，以助腳底之勁上翻傳導。

周身合中寓開，具有一觸即發之勢，眼注視前方。（圖10-278）

【動作二】接上勢。腰勁一開即合，身體螺旋下沉；雙肩鬆開似脫，下塌外碾，內捲裡合，左催右領，胸背開合有度，胸腰折疊蛹動有序，膻中穴微內含，心氣與橫膈膜同步沉降，丹田鼓蕩勃發；雙手以右手為主，左手為賓。

雙手右出左入勁變為逆纏，同步折腕旋轉，借助旋腕

圖10-279

轉膀之勁畫上弧向身體前方忽然一抖即鬆，運展至胸前約40公分（右）和30公分（左）時，乘肩部的轉關過節變為雙順纏，放鬆落點，內折外掤，肘微裡合，高與胸平，拳面分向左右兩側，拳心向內。

同時，鬆左膀、泛右臀，上弧調襠，雙腿前把後蹬完整一氣向前搓步，重心發在前鬆至後，六四分成。

周身合住勁，具有一觸即發之勢，同時呼氣，氣沉丹田，眼注視前方。（圖10-279）

第六十三式　撇身捶（面向東南）

【動作一】接上勢。腎氣滾動，腰隙傳遞，腰勁螺旋向右轉動，身體螺旋升騰，左轉135°；雙肩鬆開似脫，下塌外碾，內捲裡合，左催右領，膻中穴微內含，心氣與橫膈膜同步沉降，丹田鼓蕩勃發；雙手以右手為主，左手為賓。

右手先出後入勁變為逆纏，坐腕旋轉，借助旋腕轉膀之勁畫下弧運展至身體右側，運至將展未展之機，乘肩部的轉關過節變為順纏，畫上弧運展至身體前約40公分，上掤下折，肘向裡合，高與眼平，拳面向前，拳眼向內（左），拳心向下；左手先入後出勁變為逆纏，坐腕旋轉，借助旋腕轉

圖10-280

膀之勁畫上弧運展至身體左側，運至將展未展之機，乘肩部的轉關過節變為順纏，畫下弧運合至襠前約30公分，上折下掤，肘向裡合，高與胯平，拳面向內（右），拳眼向前，拳心向上。

同時，鬆右胯、泛左臀，小腹內收，關元與中極二穴共同內斂納氣，沖震命門，下閉穀道，膾口納氣順脊直上，乘鬆胯圓襠，雙腳先出後入勁分別右先左後旋轉騰起。

周身在空中合住勁，同時吸氣，眼注視左前方。（圖10-280）

【動作二】接上勢。腎氣滾動，雙腰隙鬆塌後撐，腰勁充實，身體螺旋下沉；雙肩鬆開似脫，下塌外碾，內捲裡合，左催右領，膻中穴微內含，心氣與橫膈膜同步沉降；雙手以右手為主，左手為賓。

右手出勁繼續順纏，折腕旋轉，借助旋腕轉膀之勁繼

圖10-281

續畫上弧運至身體左前方約25公分，上折下掤，肘向裡合，高與腹平，拳面向左偏前，拳眼向左後方，拳心向下；左手入勁繼續順纏，折腕旋轉，借助旋腕轉膀之勁繼續畫下弧運至身體右前方約30公分，上掤下折，肘向裡合，高與腹平，拳面向右，拳眼向前，拳心向上，雙前臂右上左下粘黏交叉折疊合住勁。

同時，鬆左胯、泛右臀，雙腳右先左後相繼落下，震地雙聲，十趾及時抓地，雙腿左前右後形成45°角，相距約80公分，重心偏於右腿，六四分成，腰勁向下鬆串，注入腳底，以助腳底之勁上翻傳導。

周身合住勁，具有一觸即發之勢，同時一呼即吸，氣結中宮，眼注視左方。（圖10-281）

【動作三】接上勢。腎氣滾動，腰隙傳遞，腰勁向左旋套；雙肩鬆開似脫，下塌外碾，內捲裡合，右催左領，膻中穴微內含，牽動往來氣貼背，丹田鼓蕩勃發；雙手以

圖10-282

左手為主，右手為賓。

左手出勁變為逆纏，折腕旋轉，借助旋腕轉膀之勁畫上弧忽然一抖即鬆，運展至身體左側上方約50公分，上折下捌，肘向裡合，高與鼻平，拳面向左，拳眼向後，拳心向上；右手入勁變為逆纏，坐腕旋轉，借助旋腕轉膀之勁畫下弧忽然一抖即鬆，運展至身體右側上方約50公分，上折下捌，肘向裡合，高與胸平，拳面向右，拳眼向前，拳心向下。

同時，鬆右胯、泛左臀，前腳扒後腳蹬，雙腳旋騰向左方搓步，重心發於前（左）鬆至後，六四分成。

周身開中寓合，同時呼氣，氣沉丹田，眼注視左手。（圖10-282）

第六十四式　拗攔肘（面向北）

【動作一】接上勢。腰勁向右旋套，身體螺旋下沉；

圖10-283　　　　　　　　圖10-284

雙肩鬆開似脫，下塌外碾，內捲裡合，左催右領，膻中穴
微內含，心氣與橫膈膜同步沉降；雙手以右手為主，左手
為賓。

　　右手出勁繼續逆纏，由拳變掌坐腕旋轉，借助旋腕轉
膀之勁畫外上弧圈合至右腰間，上折下捌，肘微裡合，高
與腹平，手指鬆直分向前（四指）後（拇指），虎口撐
圓，撐至腰間，掌心向內；左手入勁繼續順纏，由拳變掌
坐腕旋轉，借助旋腕轉膀之勁畫下弧運至腹前約35公分，
內捌外折，肘向裡合，高與胯平，手指鬆直向前下方，掌
心向內（右）。

　　同時，鬆左胯、泛右臀，下弧調襠，重心移於右腿，
六四分成。

　　周身合住勁，同時吸氣，氣結中宮，眼注視左前方。
（圖10-283、圖10-284）

　　【動作二】接上勢。腰勁向右旋轉，身體螺旋下沉，

圖10-285

左轉90°；雙肩鬆開似脫，下塌外碾，內捲裡合，右催左領，膻中穴微內含，心氣與橫膈膜同步沉降；雙手以左手為主，右手為賓。

左手出勁變為逆纏，坐腕旋轉，借助旋腕轉膀之勁畫上弧運展至身體左側上方約50公分，上折下掤，肘微裡合，高與眼平，手指鬆直向上，掌心向外；右手入勁繼續逆纏，坐腕旋轉，借助旋腕轉膀之勁畫下弧自腰間領著勁，上折下掤，肘微裡合，高與腹平，手指鬆直分向前後，虎口撐圓，撐至腰間。

同時，鬆右胯、泛左臀，下弧調襠，重心左移，六四分成，左腳尖外擺135°，腰勁向下鬆串，注入腳底，以助腳底之勁上翻傳導。

周身開中寓合，具有一觸即發之勢，同時一呼即吸，氣結中宮，眼注視左手及左方。（圖10-285）

【動作三】接上勢。腎氣滾動，腰隙傳遞，腰勁向左

圖10-286

旋套，身體螺旋下沉，左轉90°；雙肩鬆開似脫，下塌外
碾，內捲裡合，左催右領，牽動往來氣貼背，丹田鼓蕩勃
發；雙手以右手為主，左手為賓。

　　右手出勁繼續逆纏，由掌變拳坐腕旋轉，借助旋腕轉
膀之勁畫上弧忽然一抖即鬆，運合至腹前，上掤下折，勁
貫前臂，高與腹平，拳面向左，拳眼向上，拳心向內；左
手入勁變為順纏，折腕旋轉，借助旋腕轉膀之勁畫下弧忽
然一抖即鬆，運合至右前臂外側，內折外掤，肘微裡合，
高與腹平，手指鬆直向右，掌心向內。

　　同時，鬆左胯、泛右臀，前襠勁扣合，後襠勁撐圓，
背絲扣調襠，重心移至左腿，右腳先入後出勁畫上弧向身
體右側跨一大步，忽然一抖即鬆，震地有聲，腳尖向前，
五趾及時抓地，重心偏於左腿，六四分成。

　　周身合住勁，同時呼氣，氣沉丹田，眼注視右肘尖與
右腳。（圖10-286、圖10-287、圖10-287附圖）

圖10-287

圖10-287附圖

第六十五式　順攔肘（面向北）

【動作一】接上勢。腎氣滾動，腰隙傳遞，腰勁欲左先右旋轉，向左旋套，身體螺旋上升；雙肩鬆開似脫，下塌外碾，內捲裡合，右催左領，引導上肢諸穴內氣機潛轉，胸腰自右向左做上弧運化動作，牽動往來氣貼背；雙手以左手為主，右手為賓。

雙手左出右入勁變為順纏，同步直腕旋轉，借助旋腕轉膀之勁左手在前、右（前）臂在後粘黏折疊交叉畫上弧運合至胸前，直腕挺拔，雙肘微合，高與胸平，手指（左）鬆直向右，掌心向內；右拳面向左，拳眼向內，拳心向下。

同時，鬆左胯、泛右臀，上弧調襠，重心左移，小腹內收，關元與中極二穴共同內斂納氣，沖震命門，下閉穀道，膅口納氣順脊直上，乘鬆胯圓襠，右腳入勁旋膝而

圖10-288　　　　　　　　圖10-288附圖

起，高與胯平，小腿垂直鬆豎，腳底平整，湧泉穴含吸地氣之意，腰勁順左腿向下鬆串，注入腳底植地生根，以助腳底之勁上翻傳導。

周身合中寓開，具有一觸即發之勢，同時吸氣，氣結中宮，眼注視右方。（圖10-288、圖10-288附圖）

【動作二】接上勢。腎氣縱向滾動，腰隙互為傳遞，腰勁向右旋套，身體螺旋下沉；雙肩鬆開似脫，下塌外碾，內捲裡合，掙衡對拉，膻中穴微內含，牽動往來氣貼背，丹田鼓蕩勃發；雙手以右手為主，左手為賓。

右手出勁變為逆纏，左手入勁變為順纏，左掌變拳，折腕旋轉，借助旋腕轉膀之勁分別畫下弧忽然一抖即鬆，運至兩乳前，直腕挺拔，勁貫雙肘尖，雙拳面相繫相吸相對，拳眼向上，拳心向內。

同時，鬆左胯、泛右臀，右腳出勁向身體右側跨步，前腿扒後腳蹬，重心發於前鬆至後，六四分成。

圖10-289

圖10-289附圖

周身合住勁，同時呼氣，氣沉丹田，眼注視右肘尖。
（圖10-289、圖10-289附圖）

第六十六式　穿心肘（面向北）

【動作一】左手變掌直
腕旋轉，其他動作同第六十
五式順攔肘的動作二。（圖
10-290）

【動作二】接上勢。腎
氣滾動，腰隙傳遞，腰勁向
右旋套，身體螺旋下沉，丹
田鼓蕩勃發；雙肩鬆開似
脫，下塌外碾，內捲裡合，
左催右領，膻中穴微內含，
牽動往來氣貼背；雙手以右

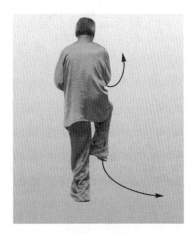

圖10-290

圖10-291　　　　　　　圖10-291附圖

手為主，左手為賓。

右手出勁變為逆纏，左手入勁變為順纏，左掌右拳折腕旋轉，借助旋腕轉膀之勁畫下弧忽然一抖即鬆，運合至胸前，外（右）折內掤，右肘上挑，勁貫肘尖，拳（右）面向下，拳眼向內，拳心向外（右）；左手指鬆直向右偏上，掌心向內貼右前臂以助右肘發勁。

同時，鬆左胯、泛右臀，右腳出勁向身體右側跨步，乘下弧調襠，重心右移，前腳扒後腳蹬，重心發於前鬆至後，六四分成，腰勁向下鬆串，注入腳底，以助腳底之勁上翻傳導。

周身合住勁，具有一觸即發之勢，同時呼氣，氣沉丹田，眼注視右肘尖。（圖10-291、圖10-291附圖）

第六十七式　窩裡炮（面向東北）

【動作】接上勢。腎氣滾動，腰隙傳遞，腰勁向左螺

圖10-292

圖10-292附圖

旋轉動，身體螺旋下沉，右轉45°；雙肩鬆開似脫，下塌外碾，內捲裡合，左催右領，引導上肢諸穴內氣機潛轉，膻中穴微內含，牽動往來氣貼背，丹田鼓蕩勃發；雙手以右手為主，左手為賓。

右手出勁繼續逆纏，坐腕旋轉，借助旋腕轉膀之勁畫上弧忽然一抖即鬆，運展至身體右側下方約40公分，運至將展未展之時，乘肩部的轉關過節變為順纏落點放鬆，上折下掤，肘向裡合，高與胯平，拳面向前，拳眼向左，拳心向下；左手入勁變為逆纏，由掌變拳折腕旋轉，借助旋腕轉膀之勁畫下弧運合至腹前，下折上掤，肘微裡合，高與腹平，拳面向下，拳眼向內，拳心向外（左）。

同時，鬆右胯、泛左臀，下弧調襠，重心左移，右腳先入後出勁畫上弧外擺90°，震地有聲，重心左七右三分成。

周身合住勁，同時一吸即呼，氣沉丹田，眼注視右手及右下方。（圖10-292、圖10-292附圖）

第六十八式　井攬直入（面向西南）

【動作一】接上勢。腰部鬆塌，花腰勁旋轉，身體螺旋下沉，右轉135°；雙肩鬆開似脫，下塌外碾，前捲裡合，右催左領，膻中穴微內含，心氣與橫膈膜同步沉降；雙手以左手為主，右手為賓。

左手出勁繼續逆纏，由拳變掌，折腕旋轉，借助旋腕轉膀之勁畫下弧運展至身體左側下方，外折內掤，肘向裡合，高與膝平，手指鬆直向下偏左，掌心向外（左）；右手入勁繼續順纏，由拳變掌折腕旋轉，借助旋腕轉膀之勁畫上弧運合至左臂腋下，肘微裡合，高與胸平，手指鬆直向左下方，掌心向下。

同時，鬆左胯、泛右臀，背絲扣調襠，重心全部移至右腿，乘左腿移虛之機，左腳以先入後出勁畫上弧經右腿內側運展至右腳左側約40公分，左腳以腳大趾領勁向內扣合虛點地面，重心偏於右腿，八二分成。

周身合中寓開，具有一觸即發之勢，同時吸氣，氣結中宮，眼注視左手腳及左前下方。（圖10-293）

【動作二】接上勢。腎氣滾動，腰隙傳遞，腰勁向左旋轉，身體螺旋下沉，右轉90°；雙肩鬆開似脫，下塌外碾，內捲裡合，右催左

圖10-293

領，膻中穴微內含，牽動往
來氣貼背，丹田鼓蕩勃發；
雙手以左手為主，右手為
賓。

　　左手出勁變為順纏，坐
腕旋轉，借助旋腕轉膀之勁
畫下弧忽然一抖即鬆，運合
至左胯外側，上折下掤，肘
向裡合，高與胯平，手指鬆
直向前下方，掌心向下；右
手入勁變為逆纏，坐腕旋

圖10-294

轉，借助旋腕轉膀之勁畫上弧忽然一抖，運展至身體右側
上方約45公分，內折外掤，肘微裡合，高與眼平，手指鬆
直向上，掌心向外。

　　同時，鬆右胯、泛左臀，雙腳出勁以前腳掌為軸，腳
跟同步向左後方震步有聲，後弧調襠，重心移於左腿，六
四分成。

　　周身合住勁，同時呼氣，氣沉丹田，眼注視右手。
（圖10-294）

第六十九式　風掃梅花（面向北）

　　【動作一】接上勢。腎氣滾動，腰隙傳遞，腰勁向左
旋轉，身體螺旋下沉，右轉90°；雙肩鬆開似脫，下塌外
碾，內捲裡合，右催左領，膻中穴微內含，牽動往來氣貼
背；雙手以左手為主，右手為賓。

　　左手出勁繼續順纏，坐腕旋轉，借助旋腕轉膀之勁畫

下弧運展至身體左側約50
公分，下折上掤，肘向裡
合，高與腹平，手指鬆直向
左，掌心向左前方；右手入
勁繼續逆纏，坐腕旋轉，借
助旋腕轉膀之勁畫上弧運展
至身體右前上方約50公
分，內折外掤，肘微裡合，
高與眼平，手指鬆直向右上
方，掌心向右。

圖10-295

同時，鬆左胯、泛右
臀，後下弧調襠，右腳外擺，重心移於右腿，左腳先入後
出勁由左向右畫外弧扣合135°，運合至右腳外側約30公
分，以腳跟虛點地面，重心偏於右腿，七三分成。

周身合住勁，同時吸氣，氣結中宮，眼注視右手。
（圖10-295）

【動作二】接上勢。腰勁左旋，身體螺旋沉降，右轉
90°；雙肩鬆開似脫，下塌外碾，前捲裡合，右催左領，膻
中穴微內含，心氣與橫隔膜同步沉降；雙手以左手為主，
右手為賓。

左手出勁繼續順纏，坐腕旋轉，借助旋腕轉膀之勁畫
上弧繼續向身體左側外展，上掤下折，肘向裡合，高與肋
平，手指鬆直向左，掌心向前；右手入勁繼續逆纏，坐腕
旋轉，借助旋腕轉膀之勁，畫下弧繼續向身體右側上方外
展，內折外掤，肘微裡合，高與眼平，手指鬆直向右上
方，掌心向右下方。

圖10-296

同時，鬆右胯、泛左臀，後弧調襠，左前腳掌落地，重心移於左腿，八二分成。

周身上開下合，同時呼氣，氣沉丹田，眼注視前方。（圖10-296）

第七十式　金剛搗碓（面向北）

【動作一】接上勢。腰勁繼續向左旋轉，身體螺旋下沉；雙肩鬆開似脫，下塌外碾，前捲裡合，右催左領，膻中穴微內含，心氣與橫膈膜同步沉降；雙手以左手為主，右手為賓。

左手先出後入勁變為逆纏，坐腕旋轉，借助旋腕轉膀之勁，先畫下弧向身體左側上方運展至與肩平時變為順纏，屈肘畫上弧經左肩前合至身體前上方時，再次變為逆纏，運合至右肘上（以四指肚粘黏於右肘彎曲處），下折上掤，肘微裡合，高與胸平，手指鬆直向右偏下，掌心向

圖10-297

圖10-297附圖

下；右手先入後出勁變為順纏，坐腕旋轉，借助旋腕轉膀之勁先畫內下弧經右膝上方運展至身體前約40公分，下折上掤，肘向裡合，高與胸平，手指鬆直向前偏下，掌心向前偏上。

同時，鬆右胯、泛左臀，後下弧調襠，重心移於左腿，右腳以先入後出勁自右向左畫外弧經左腿內側運展至左腳前約30公分，前腳掌虛點地面，雙腳跟對直在一條分隔號上。

周身合住勁，同時一吸即呼，氣聚中宮，眼注視右手及前方。（圖10-297、圖10-297附圖）

【動作二】接上勢。與第二式「金剛搗碓」的動作十一相同，唯方向相反，參見圖10-14。

【動作三】接上勢。與第二式「金剛搗碓」的動作十二相同，唯方向相反，參見圖10-15。

圖10-298　　　　　　圖10-298附圖

【動作四】接上勢。與第二式「金剛搗碓」的動作十三相同，唯方向相反，定勢。（圖10-298、圖10-298附圖）

第七十一式　收勢（面向北）

【動作一】接上勢。腰勁鬆塌，身體螺旋下沉；雙肩鬆開似脫，下塌外碾，內捲裡合，左催右領，膻中穴微內含，心氣與橫膈膜同步沉降；雙手以右手為主，左手為賓。

雙手右出左入勁變為雙逆纏，右手由拳變掌，雙手折腕旋轉，借助旋腕轉膀之勁畫下弧分別運展至兩胯前外側，內折外掤，雙肘微合，高與胯平，手指鬆直向內並相對相吸，掌心向內。

同時，鬆左胯、泛右臀，後下弧調襠，重心微向右腿移動，五五分成。

圖10-299　　　　　　　　圖10-300

　　周身合住勁，同時吸氣，氣結中宮，眼注視前方。
（圖10-299）

　　【動作二】接上勢。腰隙向後撐滿，腰勁鬆塌，身體
螺旋下沉；雙肩鬆開似脫，下塌外碾，對拉拔長，內捲裡
合，膻中穴微內含，心氣與橫膈膜同步沉降；雙手轉換有
序，互為主賓。

　　雙手變為雙順纏，坐腕旋轉，借助旋腕轉膀之勁畫外
下弧分別運展至身體左右兩側上方，下折上掤，肘向裡
合，高與肩平，手指鬆直分向左右兩側，掌心向上。

　　下肢動作不變。

　　周身合住勁，繼續吸氣，氣結中宮，眼注視前方。
（圖10-300）

　　【動作三】接上勢。鬆腰合勁，身體螺旋下沉；雙肩
鬆開似脫，下塌外碾，內捲裡合，膻中穴微內含，牽動往
來氣貼背；雙手轉換有序，互為主賓。

圖10-301

　　雙手入勁變為雙逆纏，坐腕旋轉，借助旋腕轉膀之勁畫上弧運合至頭部兩側，外折內掤，雙肘裡合，高與頭平，手指鬆直向上，掌心向內。

　　下肢動作不變。

　　周身合中寓開，同時吸氣，氣結中宮，眼注視前方。（圖10-301）

　　【動作四】接上勢。鬆腰下氣，身體螺旋下沉；雙肩鬆開似脫，下塌外碾，內捲裡合，膻中穴微內含，心氣與橫膈膜同步沉降；雙手轉換有序，互為主賓。

　　雙手出勁繼續雙逆纏，坐腕旋轉，借助旋腕轉膀之勁畫內下弧經身體左右半身分別運降至雙胯前，上折下掤，雙肘裡合，高與胯平，手指鬆直向前，掌心向下。

　　同時，雙臀微微向上泛起，雙胯掙衡前捲裡合，開膝合髖，雙腿裡纏，十趾抓地，襠部撐圓。

　　周身合住勁，同時呼氣，氣沉丹田退藏隱密，眼隨手

圖10-302

圖10-302附圖

運，合目息氣，耳聽身後，返觀內視，還原「預備勢」時的無極抱合狀態。（圖10-302、圖10-302附圖）

【動作五】接上勢。頭頸正直，微含上領，乘周身之勁氣徹底收斂與平靜之後，身體緩緩站起，雙肩恢復常態，雙手變為雙順纏，畫下弧分別鬆垂至雙胯外側，手指自然彎曲，掌心向內。

圖10-303

同時，雙胯微向前送（挺），前襠微微撒開，骶骨尖前捲內藏，雙腿立直；雙眼平視，恢復到「預備勢」之前平常人的站立姿勢，結束第二路拳架套路。（圖10-303）

以上是陳式太極拳功夫架第二路的圖解與說明。第二
路與第一路一樣，由武象起手，始於南方（陽中有陰）；
文象收勢，終至北方（陰中含陽）。即太極也。

　　陳式太極拳第一路與第二路炮捶，假設都是以面向南
開始，收勢時均為面向北。如果將第一路或第二路連續練
兩遍，或第一路和第二路一氣呵成接連著練習，最終收勢
就復原位面向南，即太極還原也。

　　假如將第一路或第二路連續練習，或第二路和第二路
連續練習，套路之間就不需再做收勢和預備勢動作，以拳
套最後一個「金剛搗碓」直接連接第三式「懶紮衣」即可
練習第二路或第二遍了。

老拳譜新編

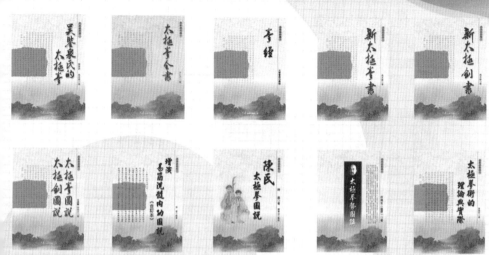

武學釋典

太極武術教學光碟

太極功夫扇
五十二式太極扇
演示：李德印 等
(2VCD)中國

夕陽美太極功夫扇
五十六式太極扇
演示：李德印 等
(2VCD)中國

陳氏太極拳及其技擊法
演示：馬虹(10VCD)中國
陳氏太極拳勁道釋秘
拆拳講勁
演示：馬虹(8DVD)中國
推手技巧及功力訓練
演示：馬虹(4VCD)中國

陳氏太極拳新架一路
演示：陳正雷(1DVD)中國
陳氏太極拳新架二路
演示：陳正雷(1DVD)中國
陳氏太極拳老架一路
演示：陳正雷(1DVD)中國
陳氏太極拳老架二路
演示：陳正雷(1DVD)中國
陳氏太極推手
演示：陳正雷(1DVD)中國
陳氏太極單刀‧雙刀
演示：陳正雷(1DVD)中國

楊氏太極拳
演示：楊振鐸
(6VCD)中國

本公司還有其他武術光碟
歡迎來電詢問或至網站查詢
電話：02-28236031
網址：www.dah-jaan.com.tw

原版教學光碟

歡迎至本公司購買書籍

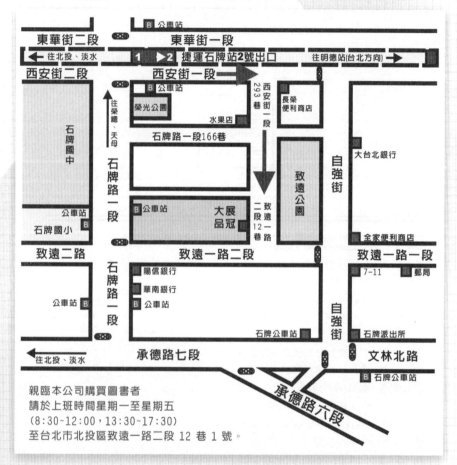

親臨本公司購買圖書者
請於上班時間星期一至星期五
(8:30~12:00，13:30~17:30)
至台北市北投區致遠一路二段 12 巷 1 號。

建議路線
1.搭乘捷運‧公車
　　淡水線石牌站下車，由石牌捷運站 2 號出口出站(出站後靠右邊)，沿著捷運高架往台北方向走(往明德站方向)，其街名為西安街，約走100公尺(勿超過紅綠燈)，由西安街一段293巷進來(巷口有一公車站牌，站名為自強街口)，本公司位於致遠公園對面。搭公車者請於石牌站(石牌派出所)下車，走進自強街，遇致遠路口左轉，右手邊第一條巷子即為本社位置。

2.自行開車或騎車
　　由承德路接石牌路，看到陽信銀行右轉，此條即為致遠一路二段，在遇到自強街(紅綠燈)前的巷子(致遠公園)左轉，即可看到本公司招牌。

國家圖書館出版品預行編目資料

陳式太極拳精蘊 ／ 張茂珍 著
——初版，——臺北市，大展，2012〔民101.11〕
面；21公分 ——（武術特輯；137）
ISBN 978－957－468－912－5（平裝）
1.太極拳
528.972 101018193

陳式太極拳精蘊

著　　者／張茂珍
責任編輯／李彩玲
發 行 人／蔡森明
出 版 者／大展出版社有限公司
社　　址／台北市北投區（石牌）致遠一路2段12巷1號
電　　話／（02）28236031・28236033・28233123
傳　　眞／（02）28272069
郵政劃撥／01669551
網　　址／www.dah-jaan.com.tw
E - mail ／ service@dah-jaan.com.tw
登 記 證／局版臺業字第2171號
承 印 者／傳興印刷有限公司
裝　　訂／建鑫裝訂有限公司
排 版 者／弘益電腦排版有限公司
授 權 者／北京人民體育出版社
初版1刷／2012年（民101年）11月

定　價／300元

大展好書　好書大展
品嘗好書　冠群可期

大展好書　好書大展
品嘗好書　冠群可期